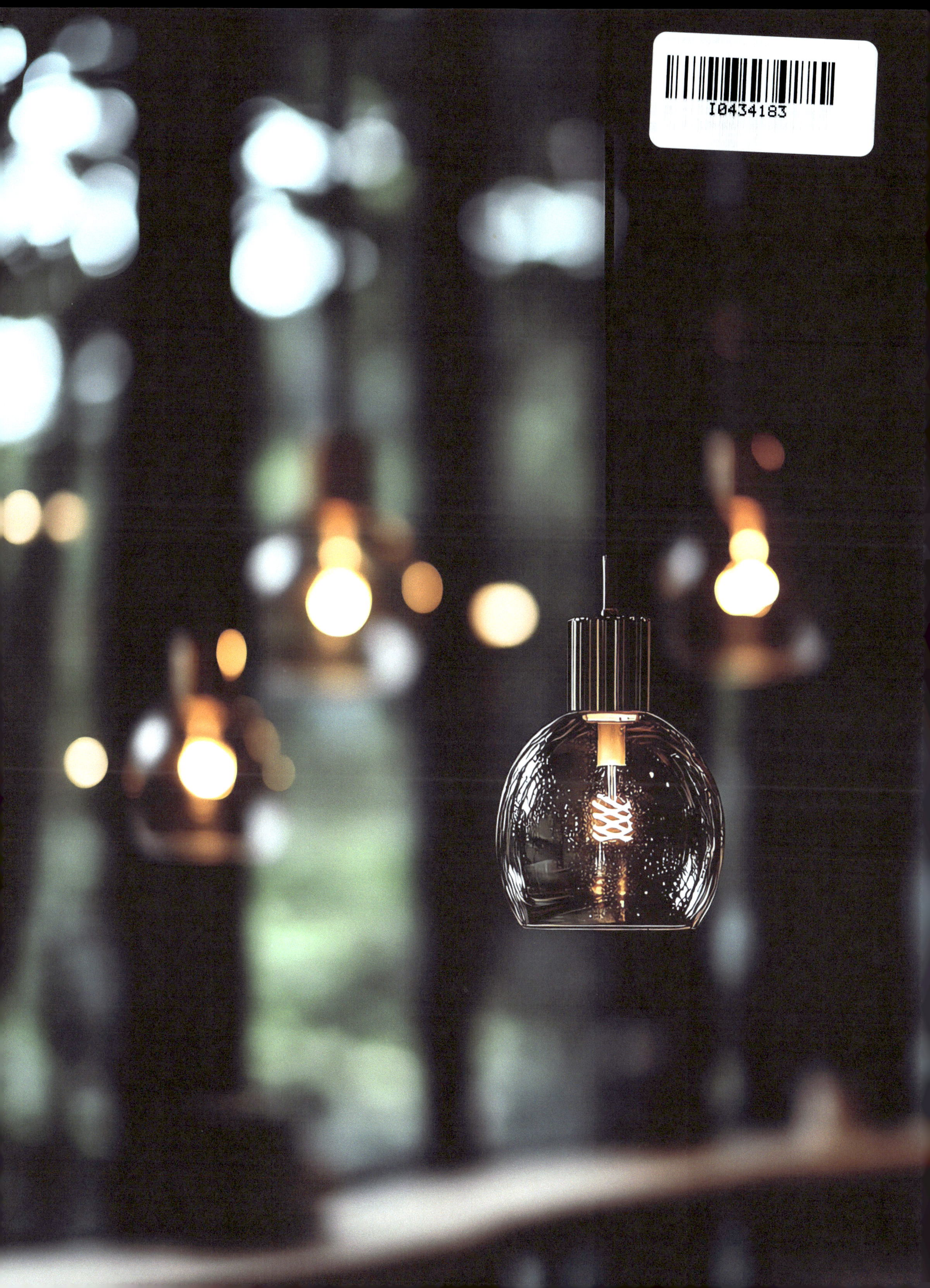

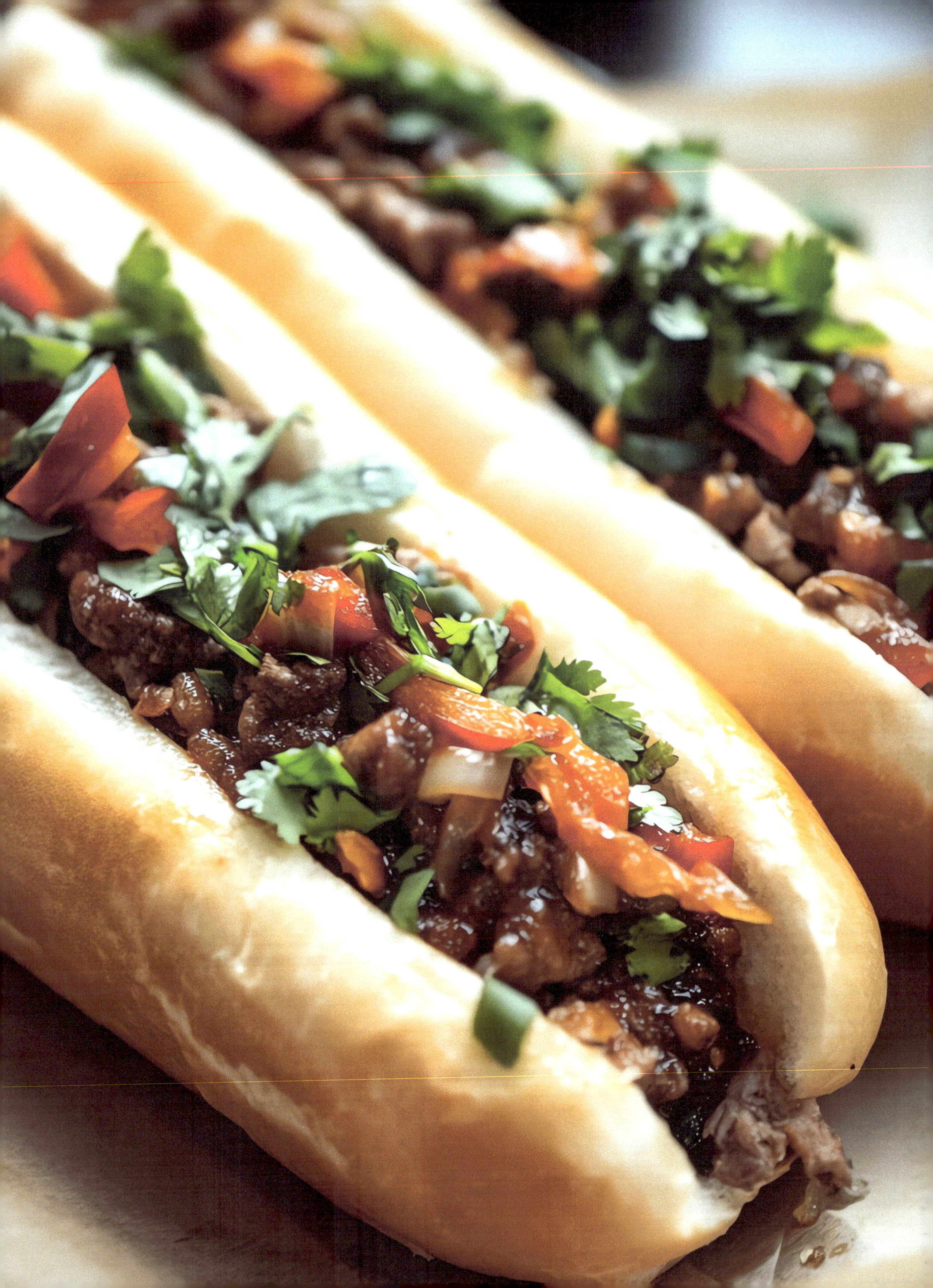

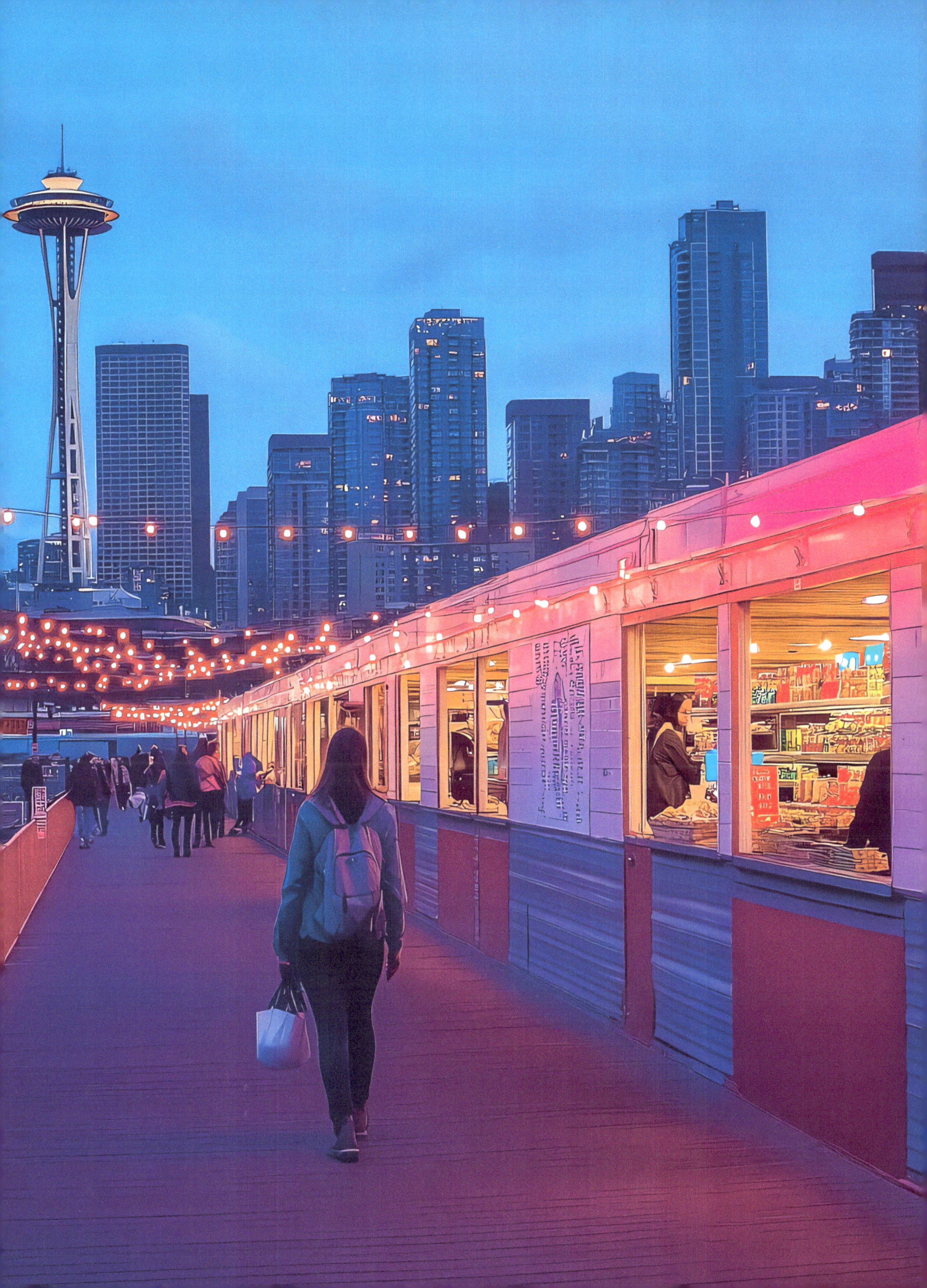

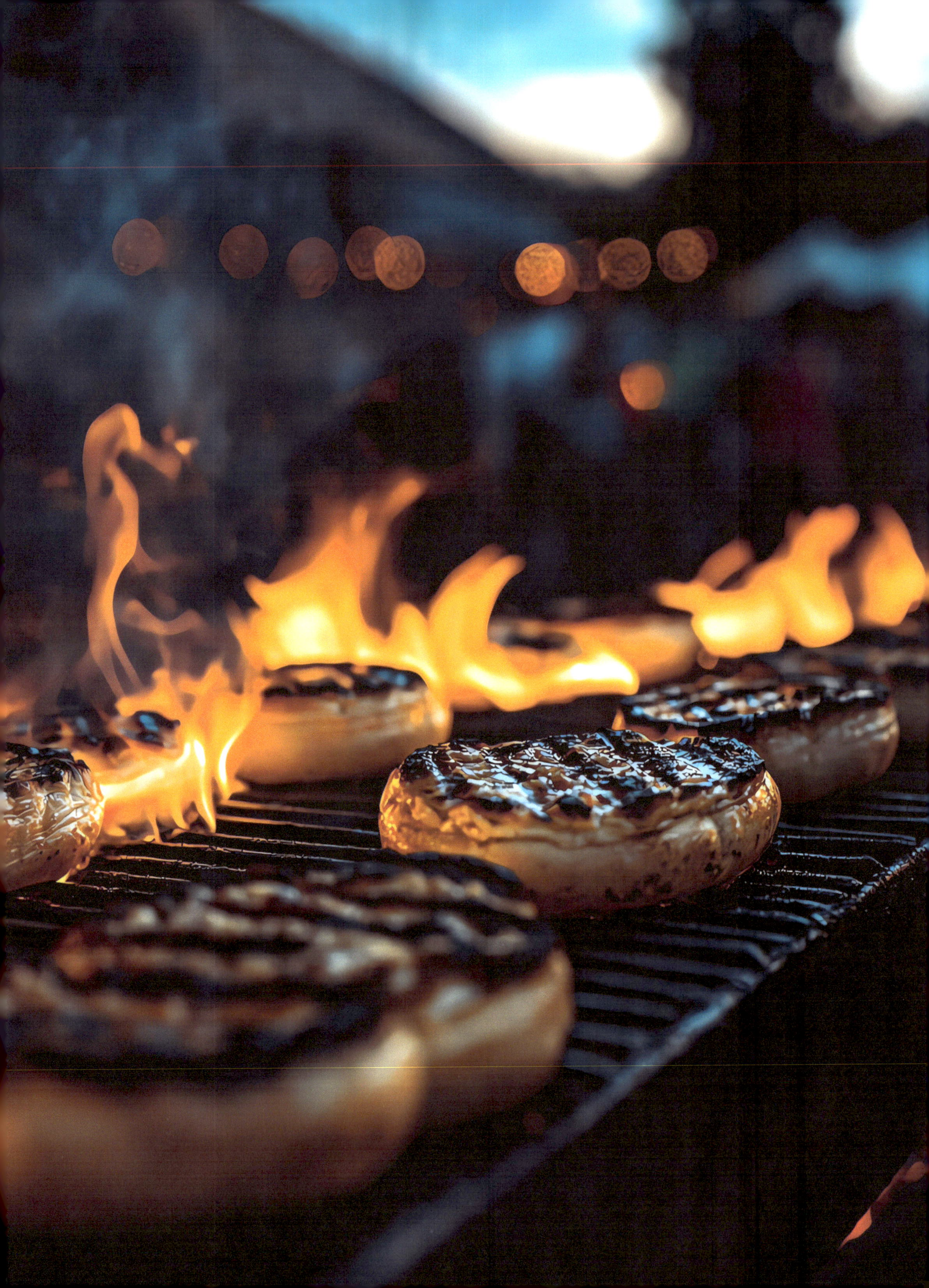

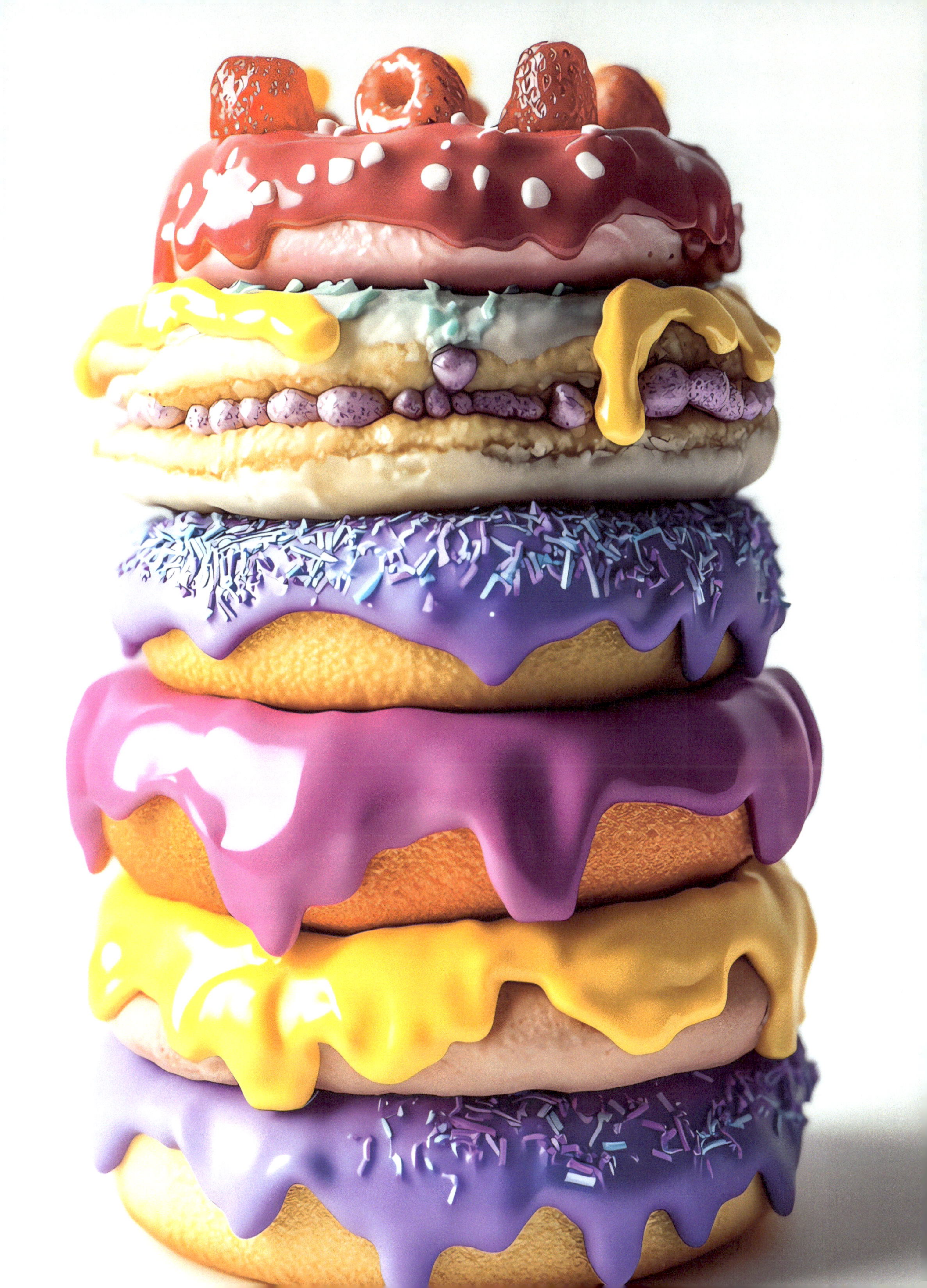

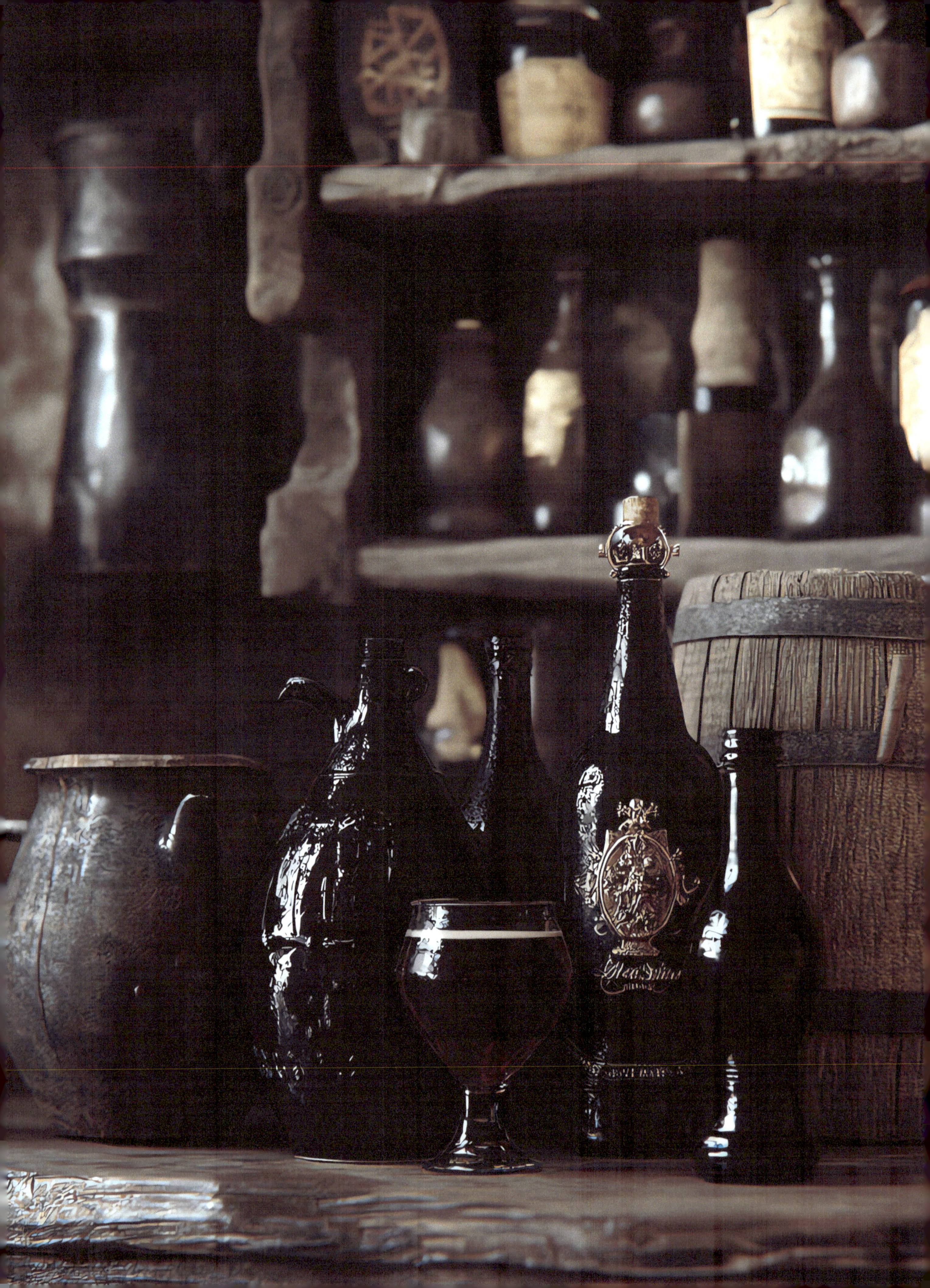

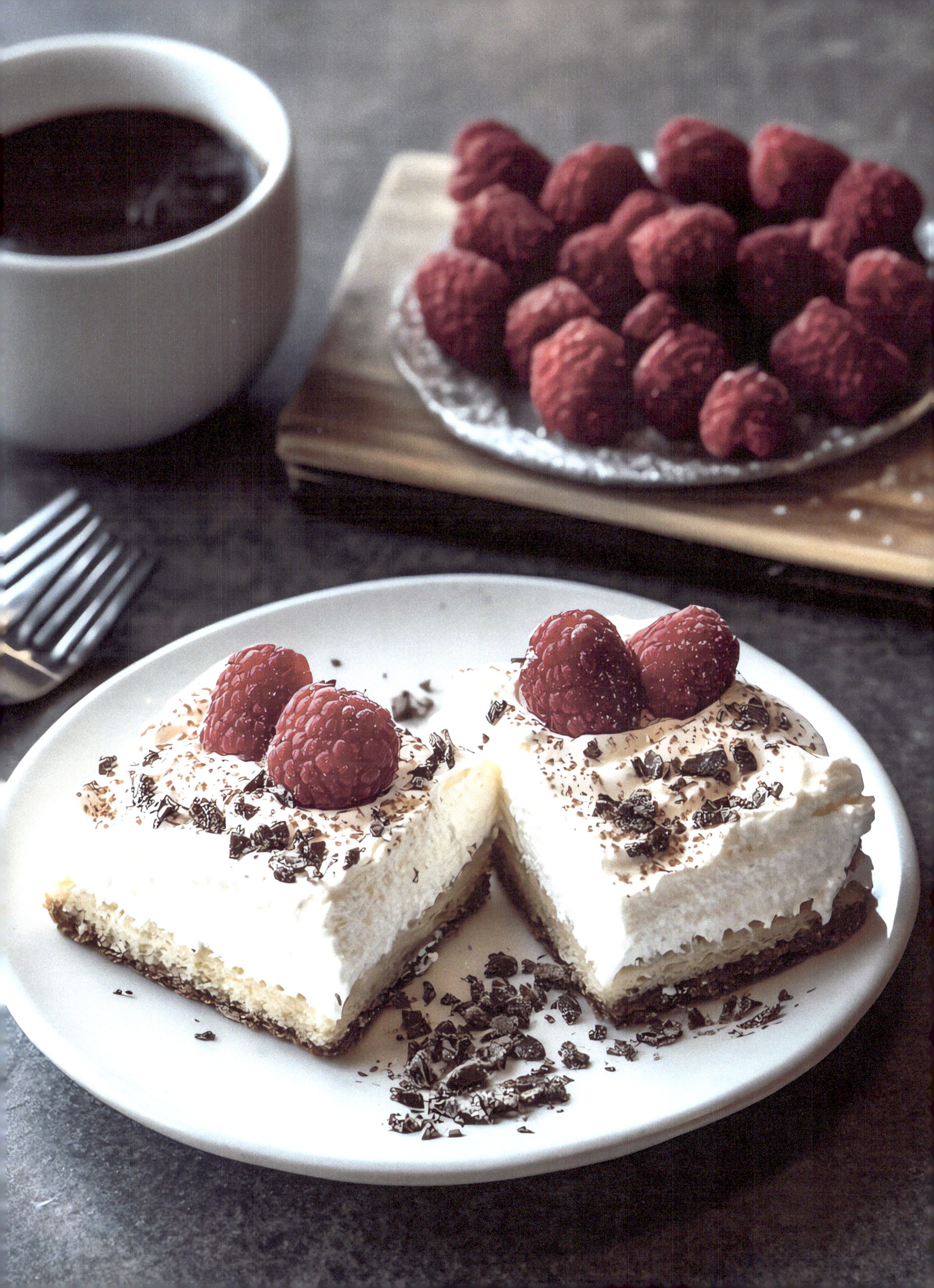

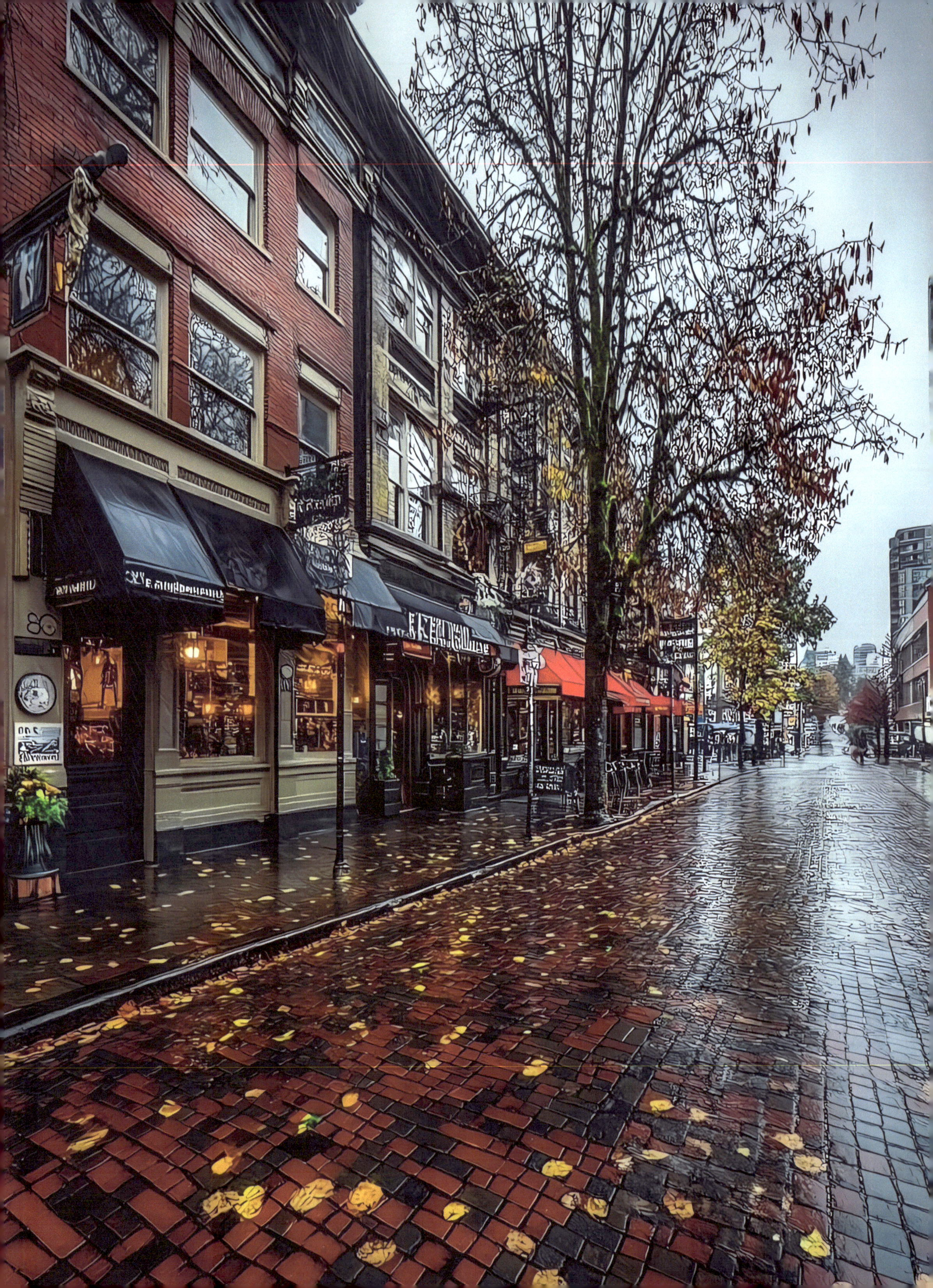

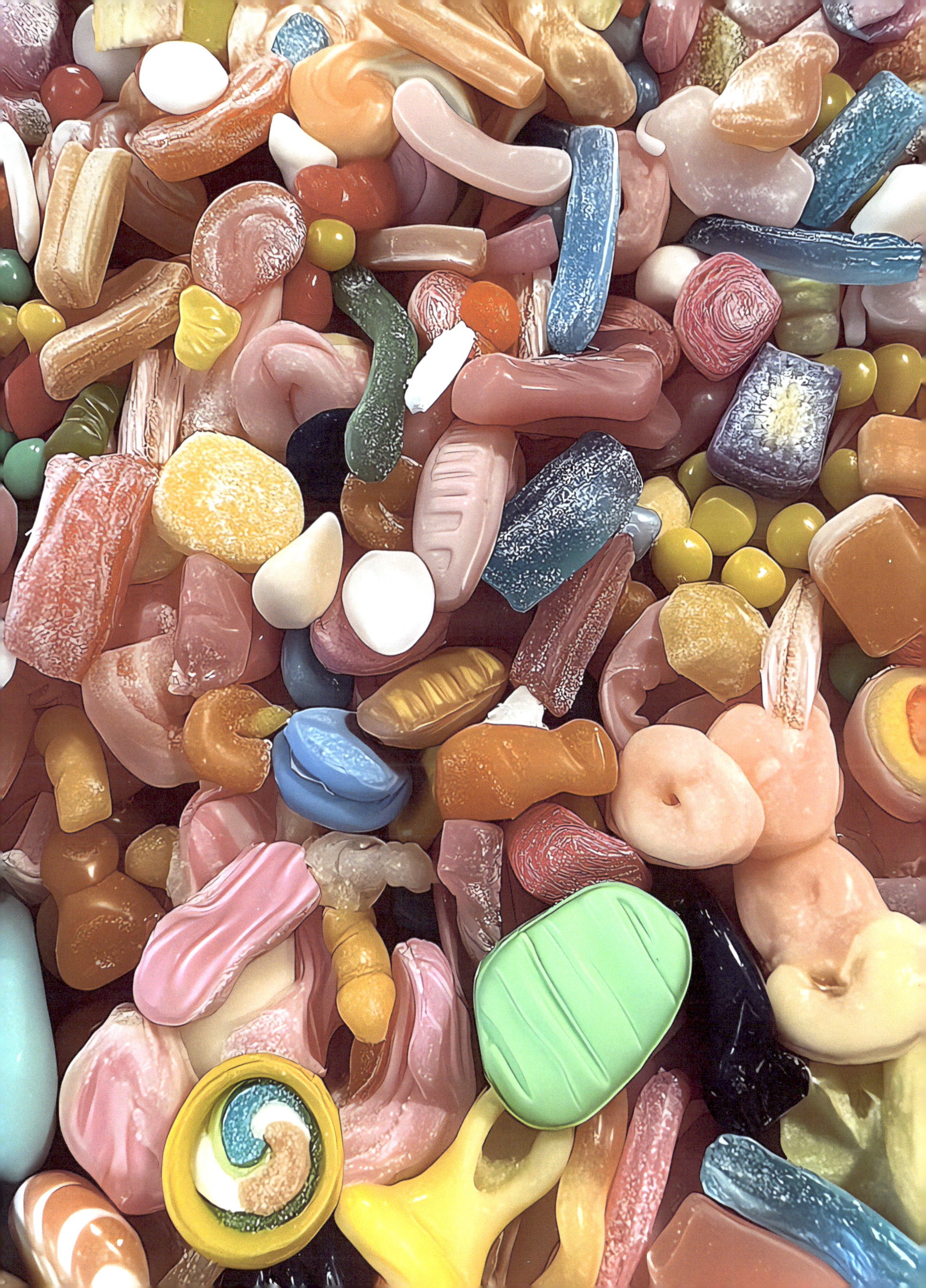

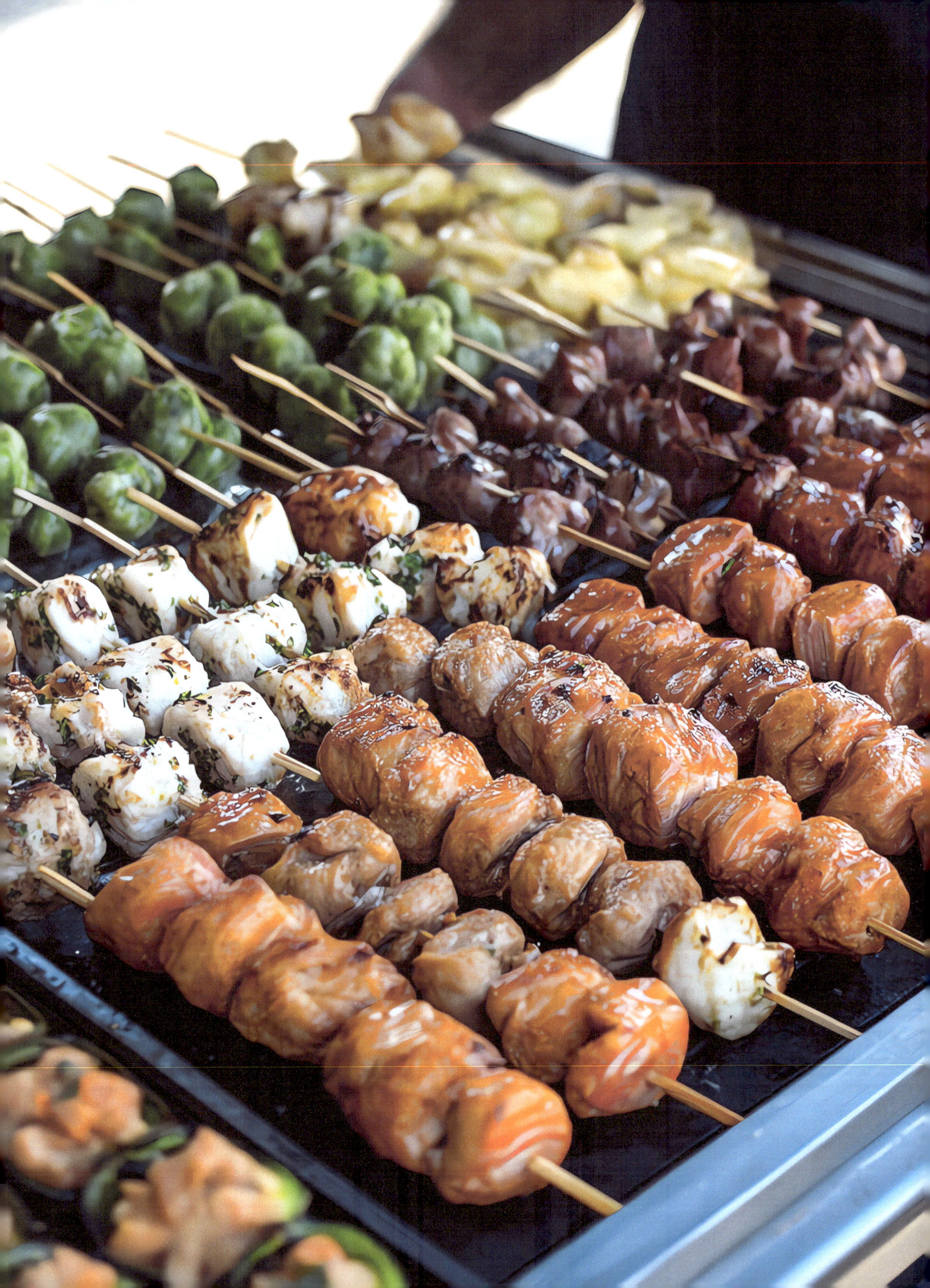

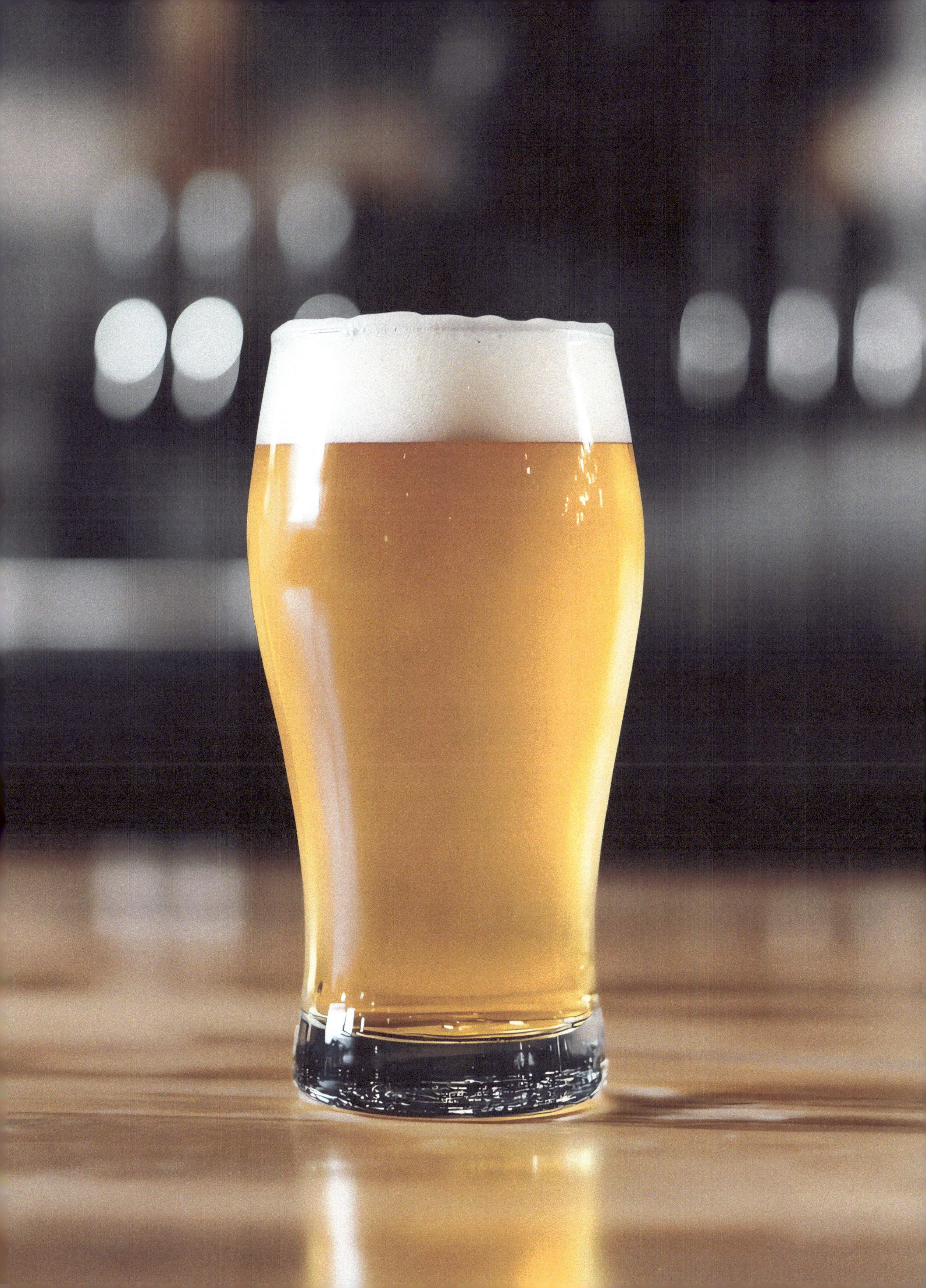

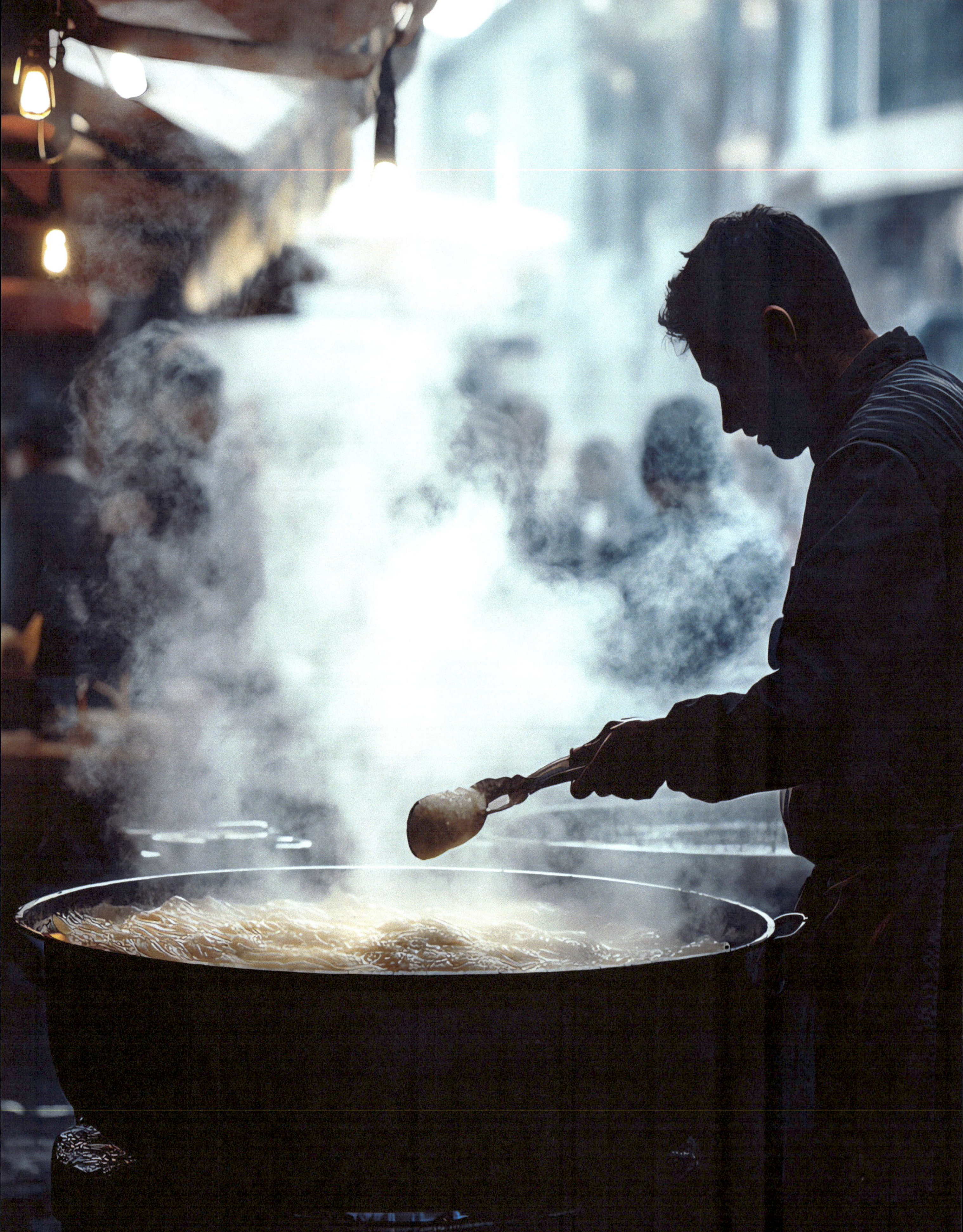

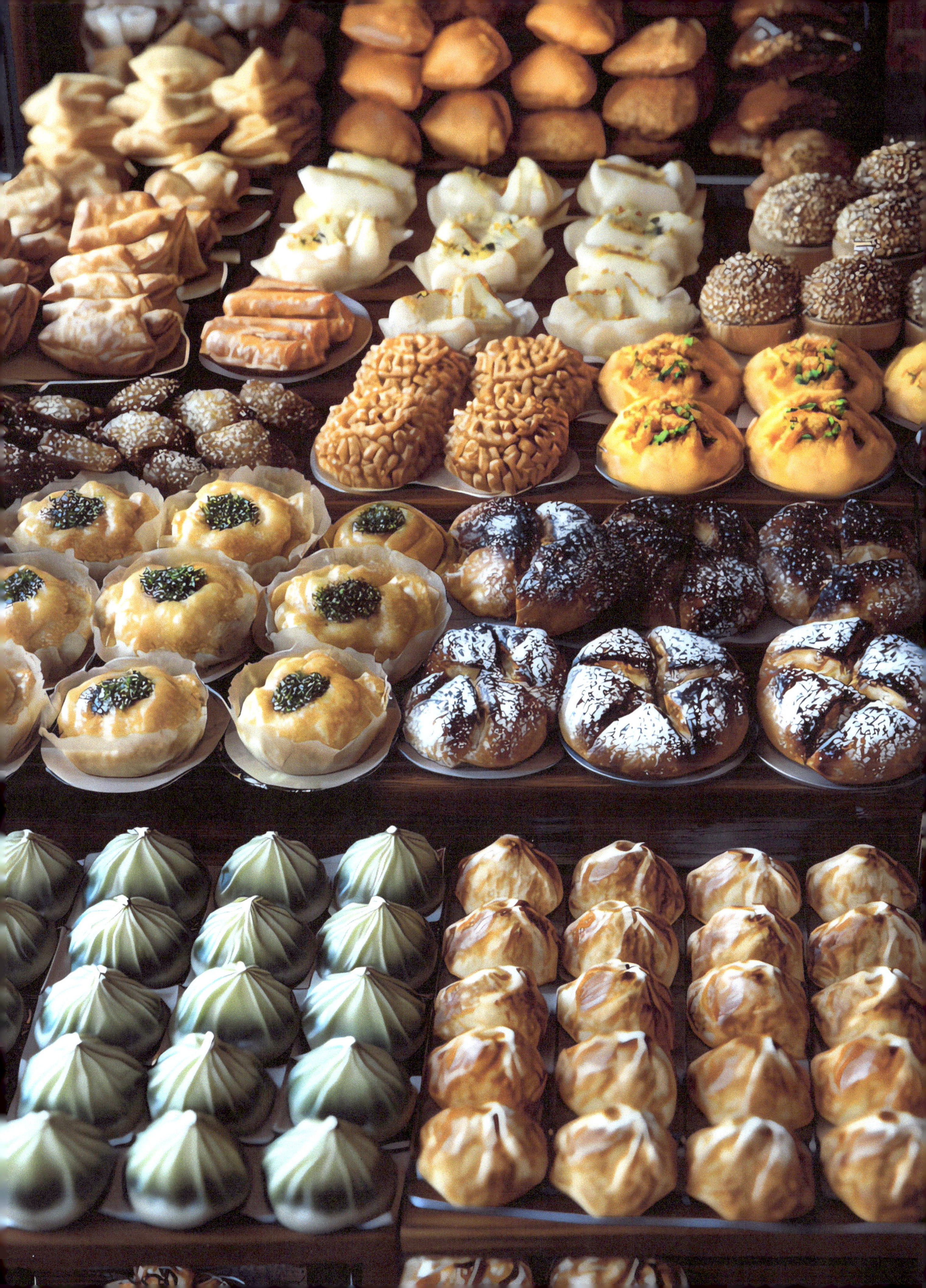

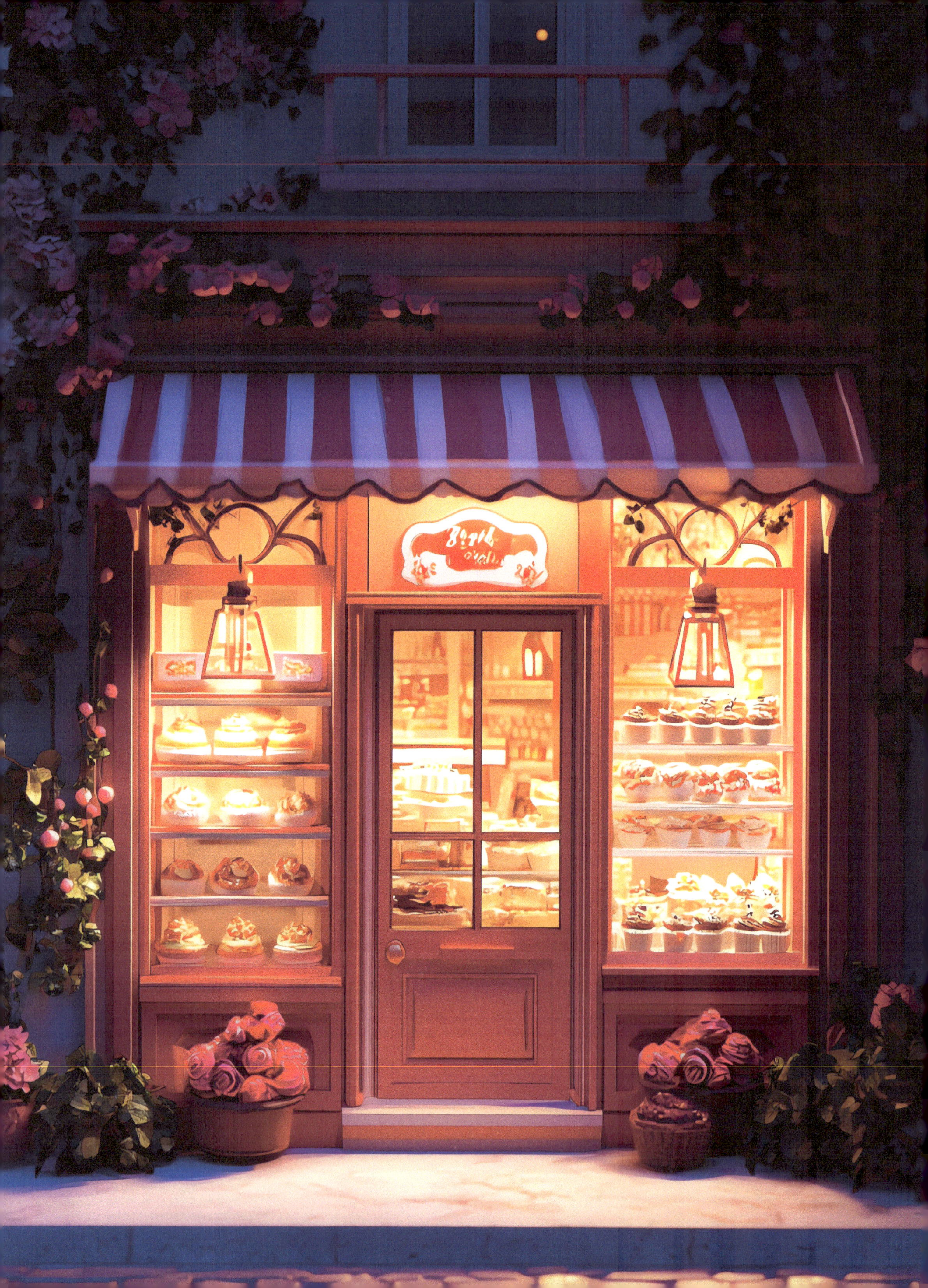

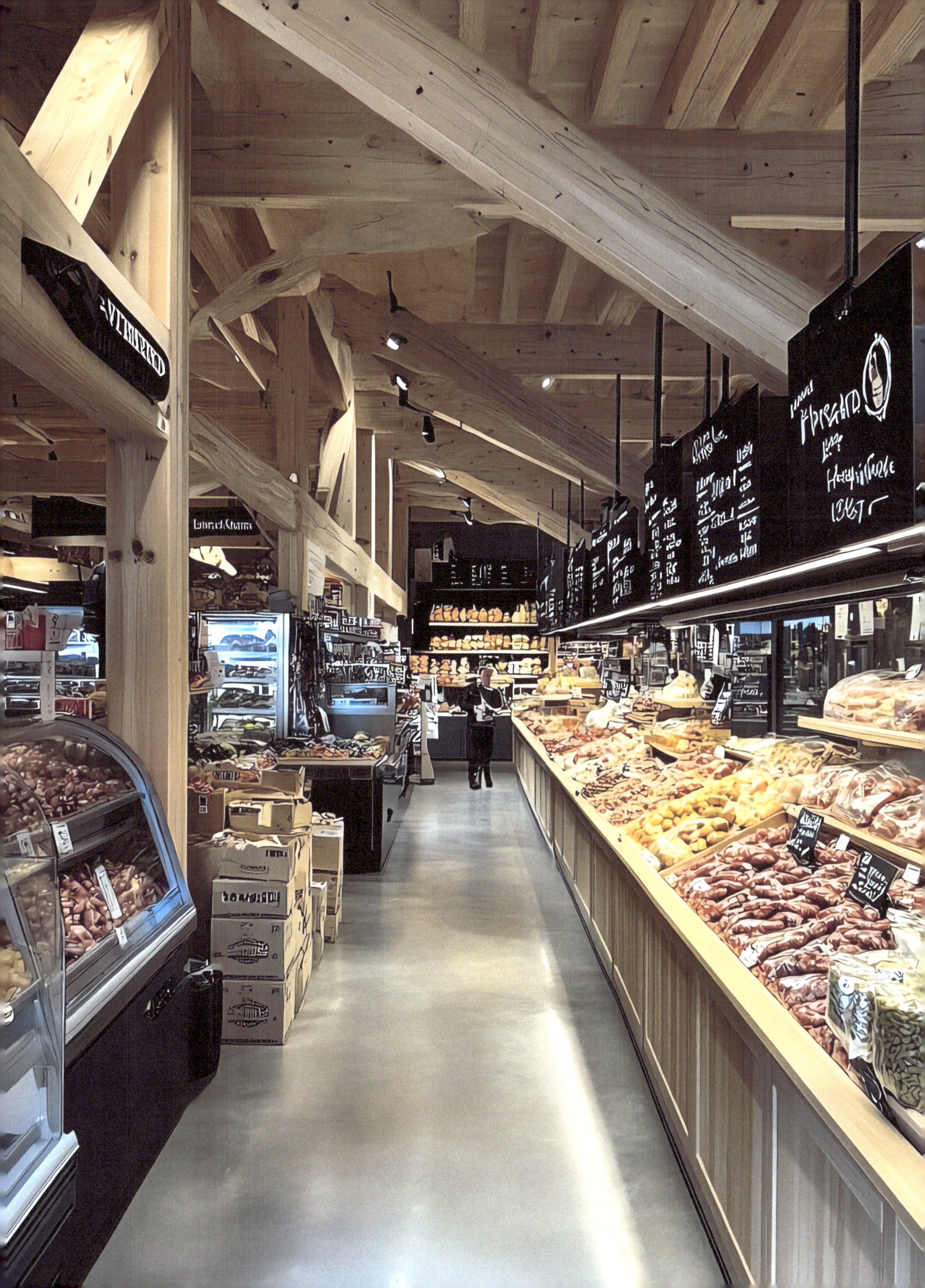

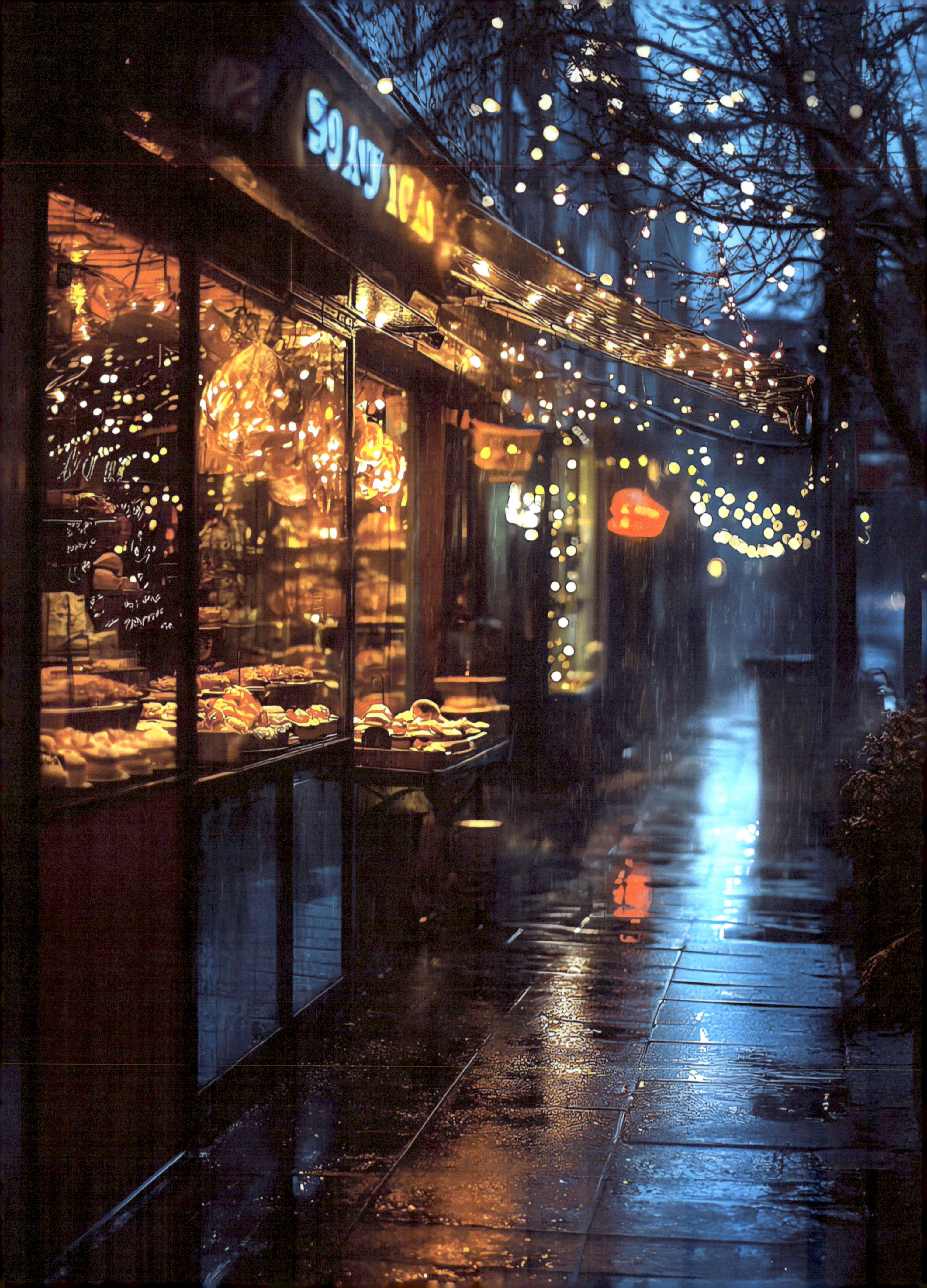

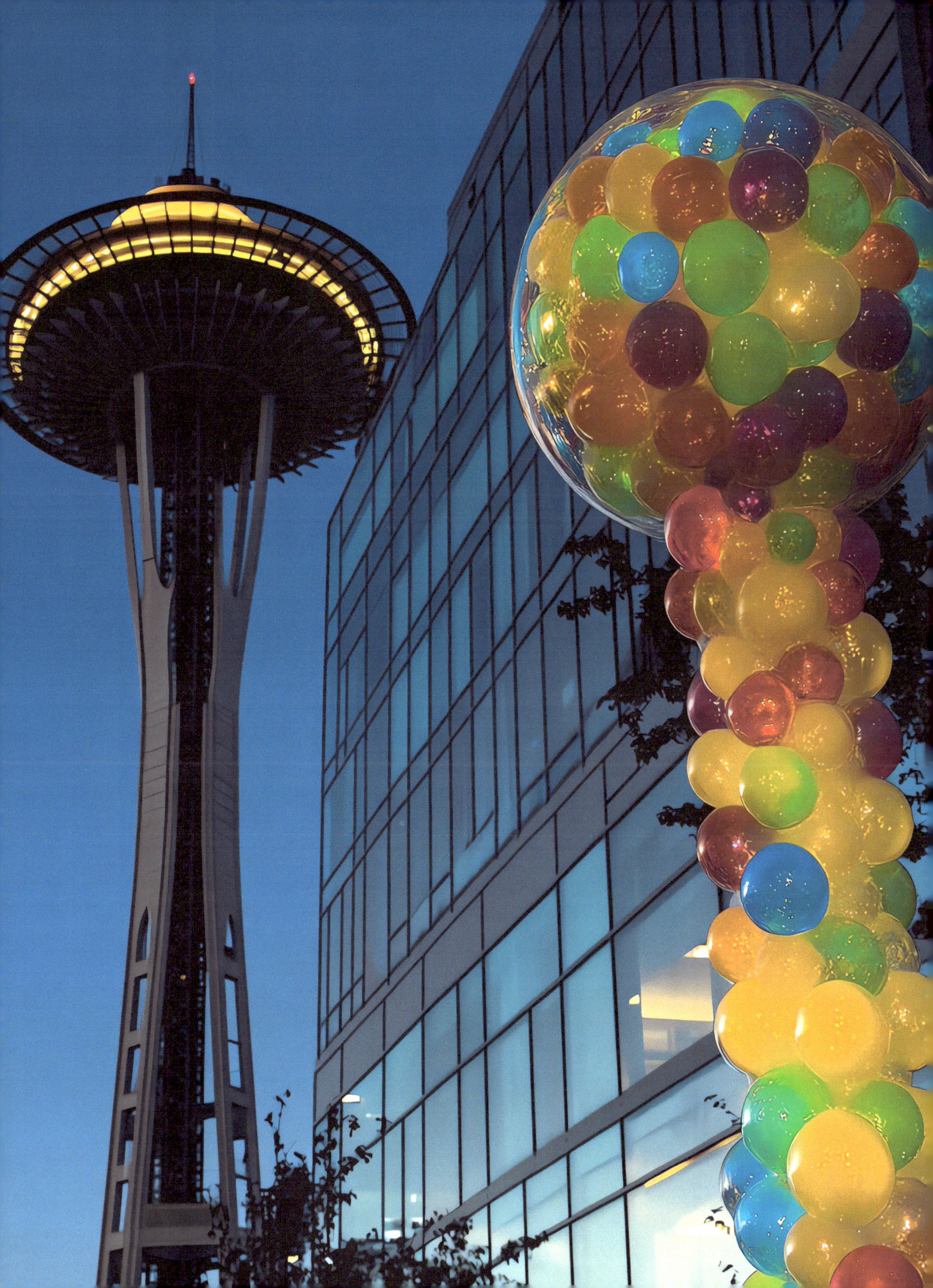

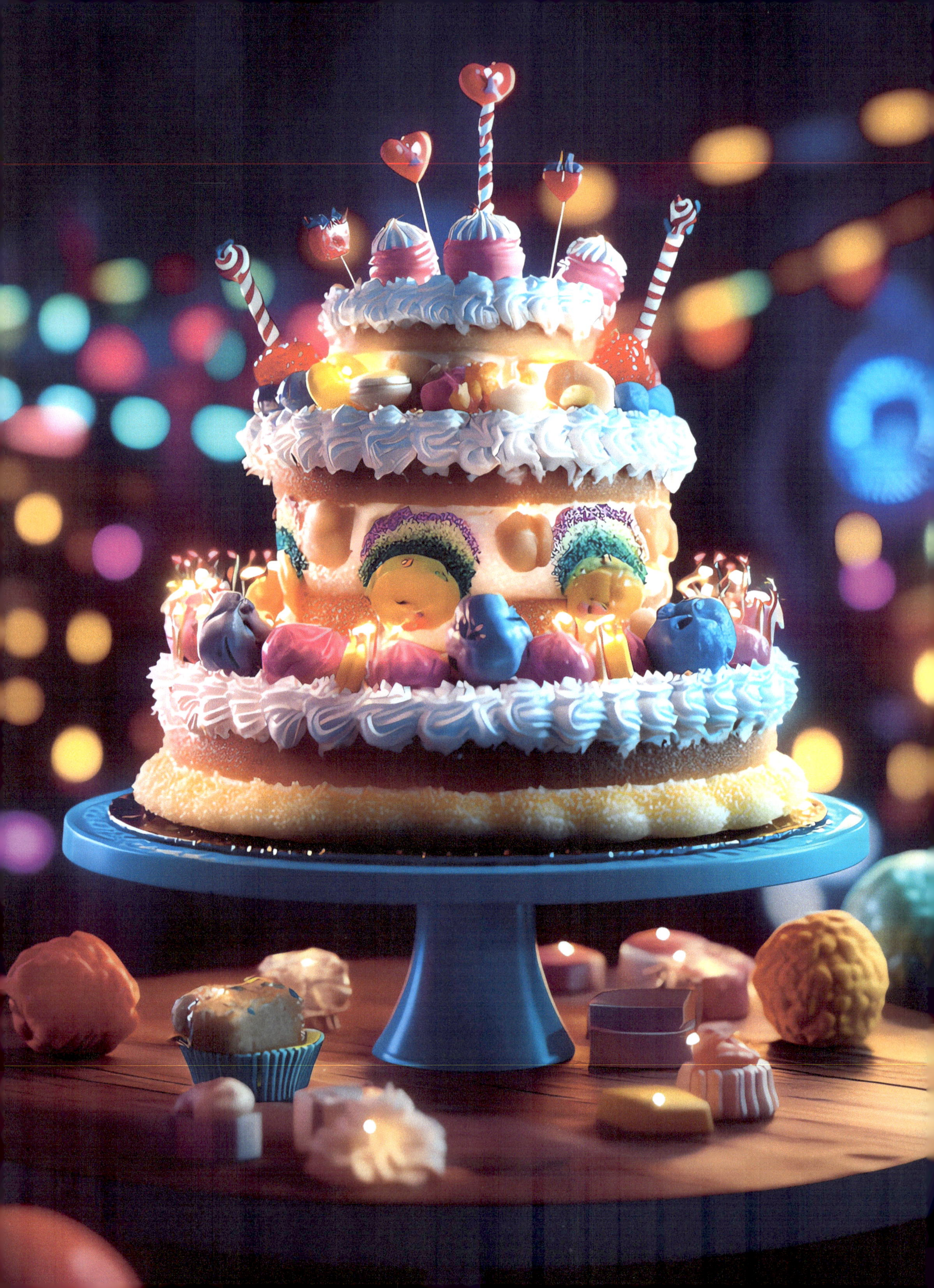

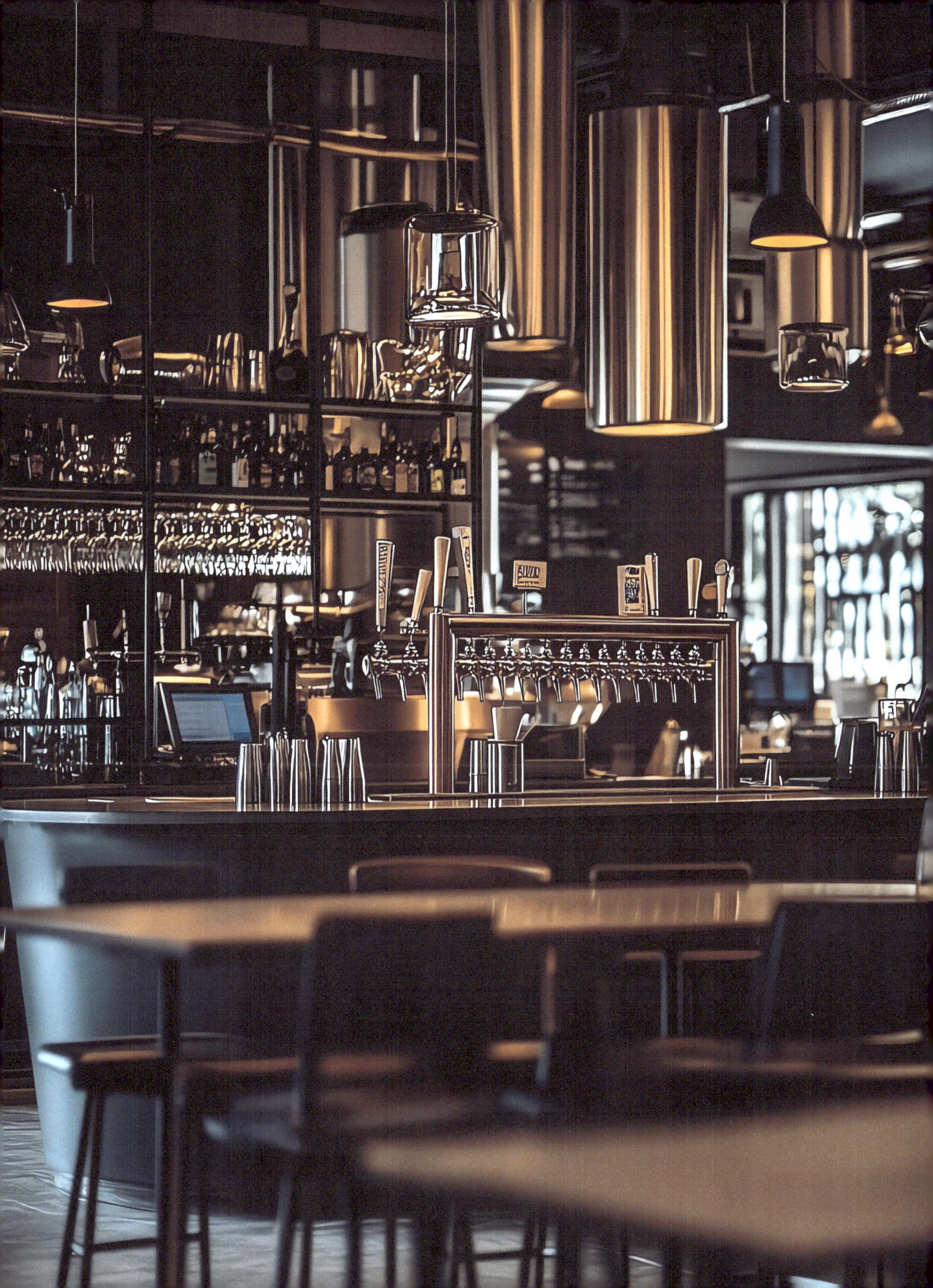

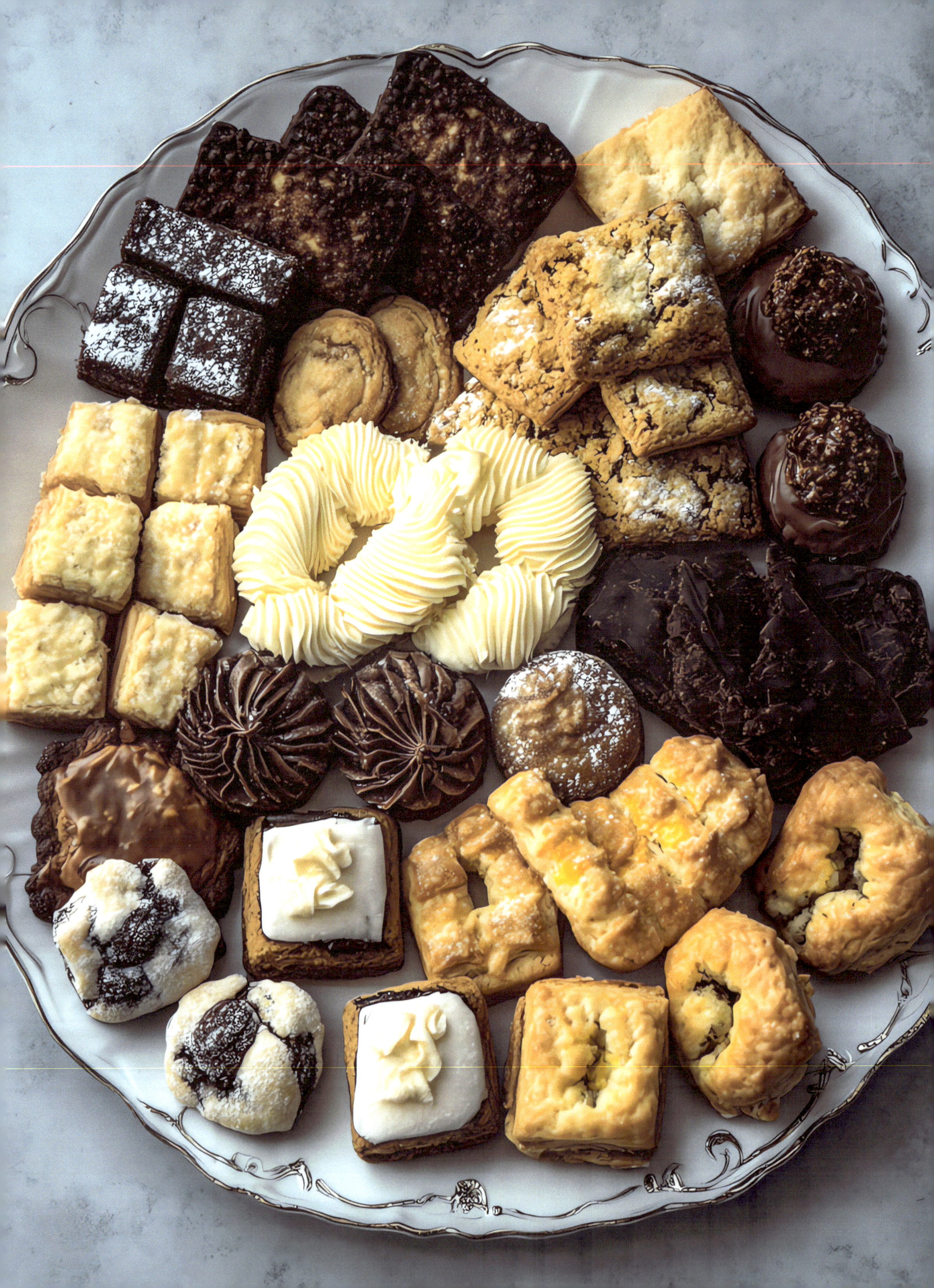

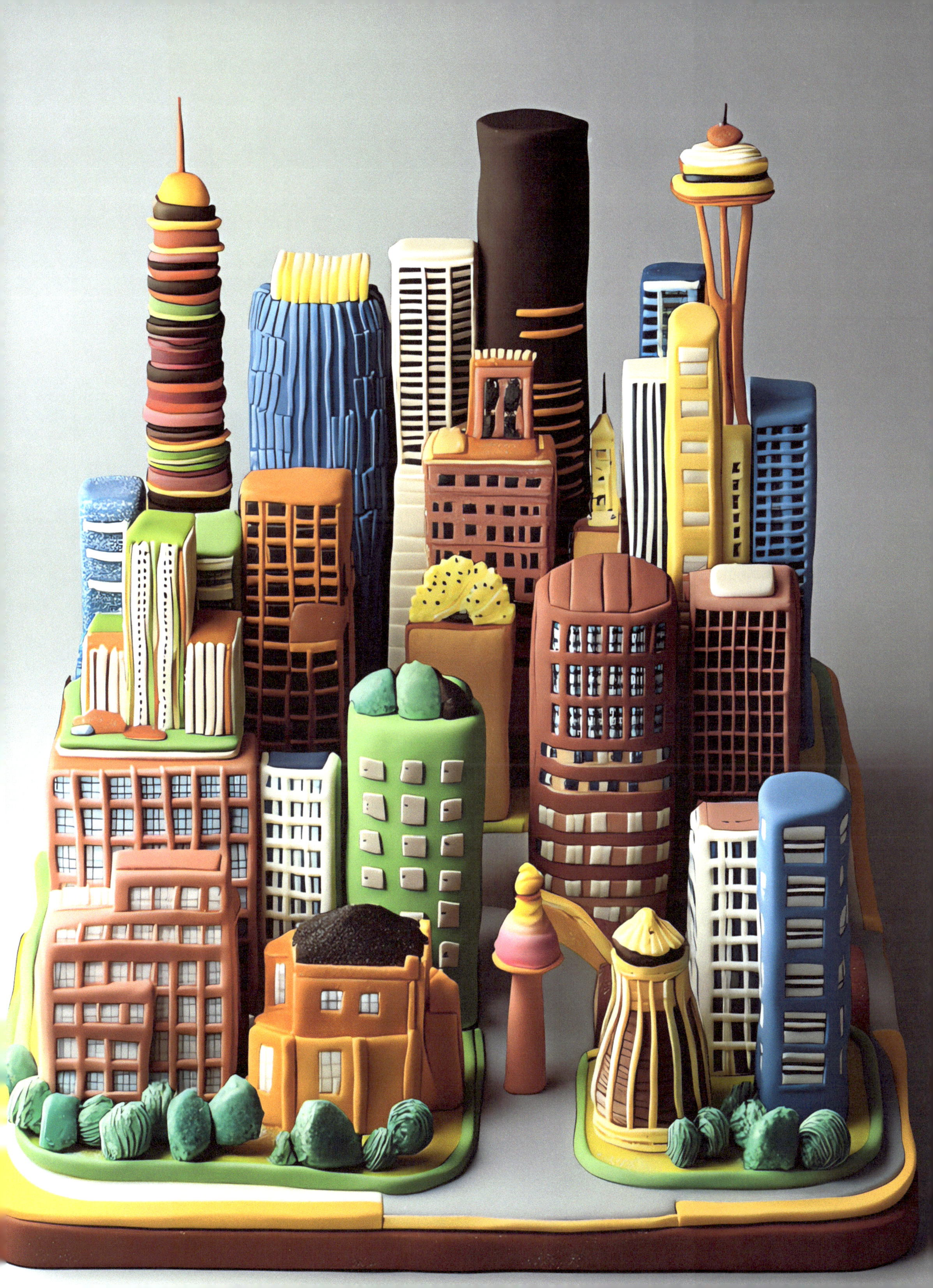

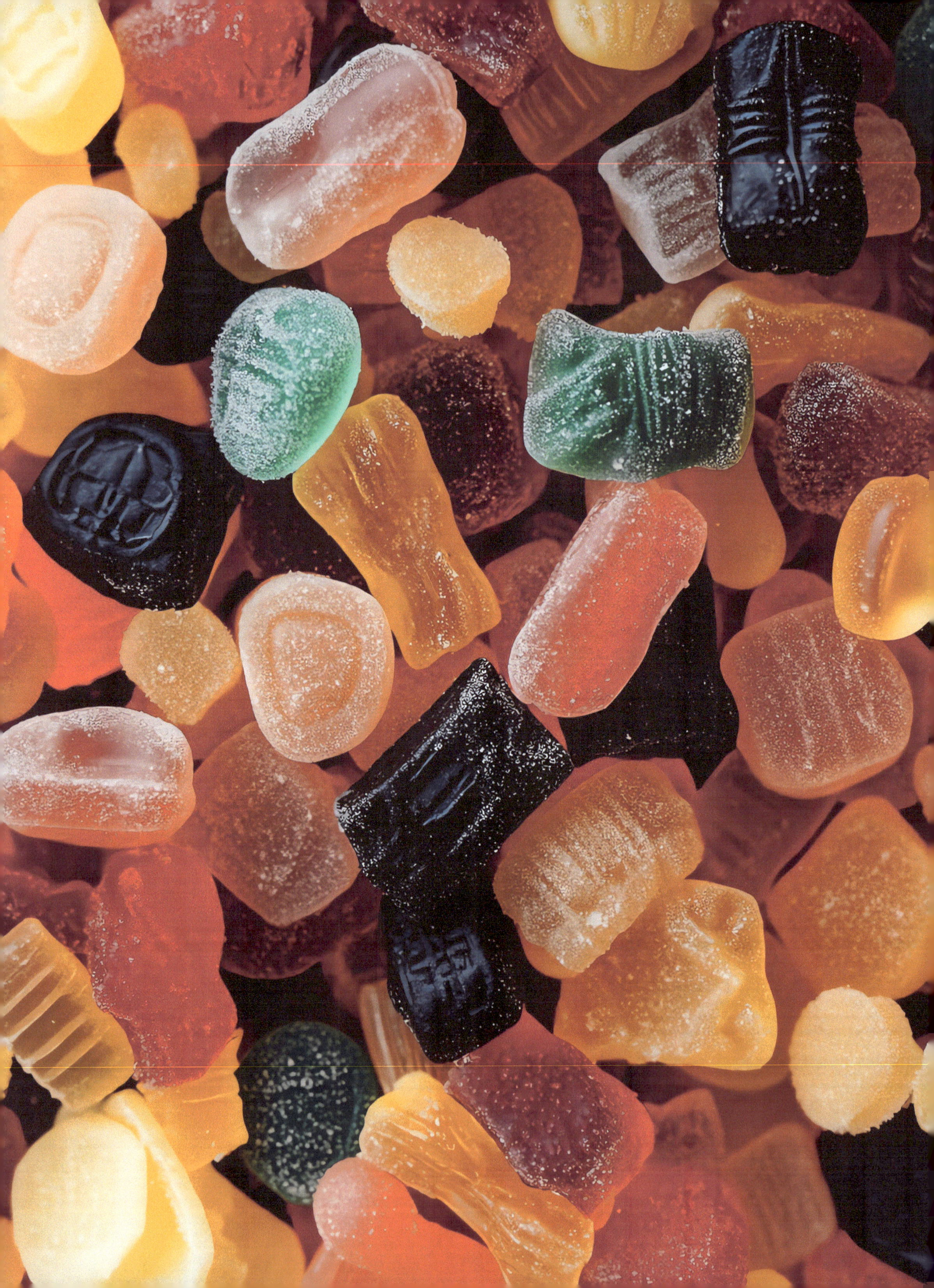

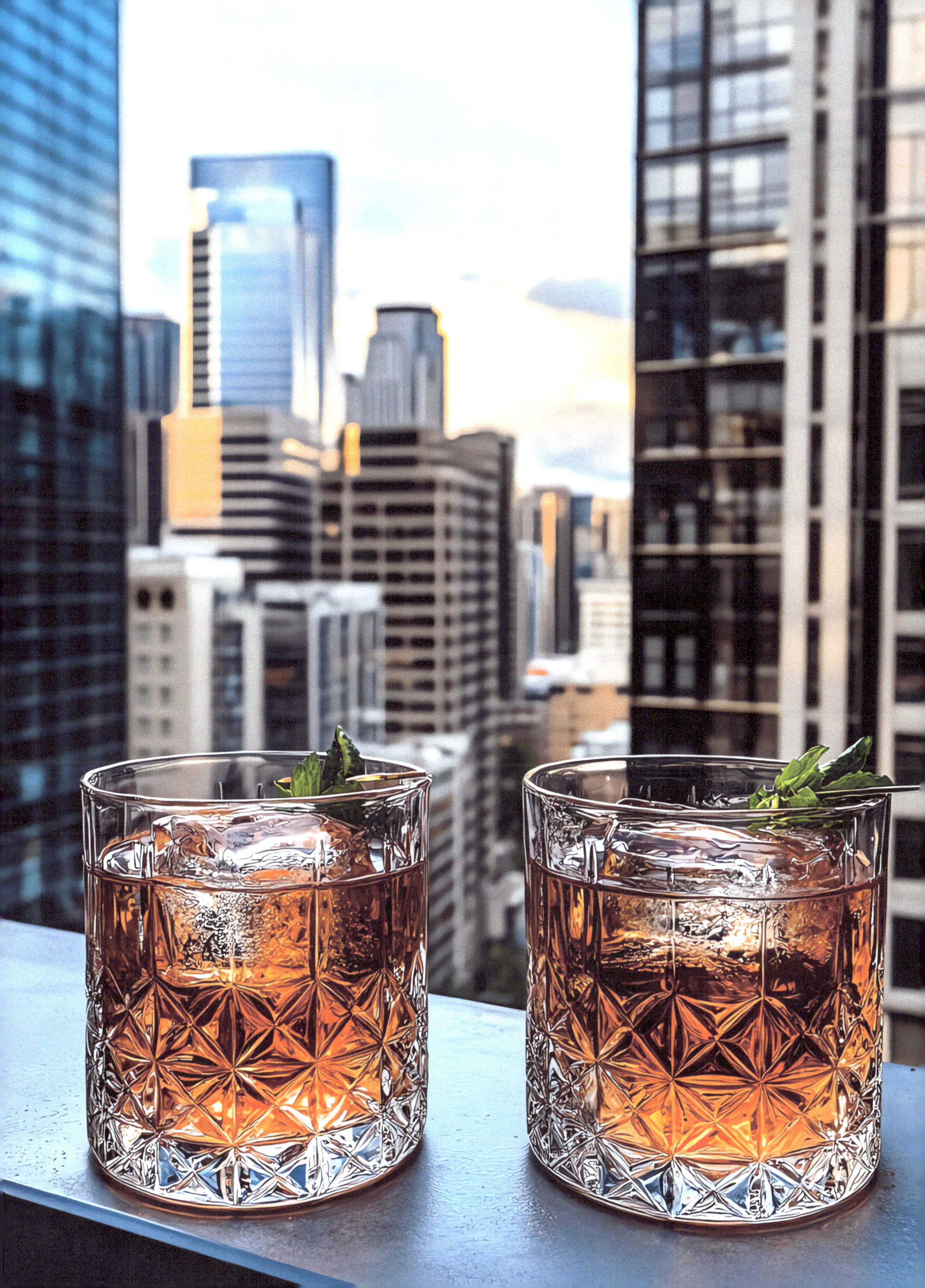

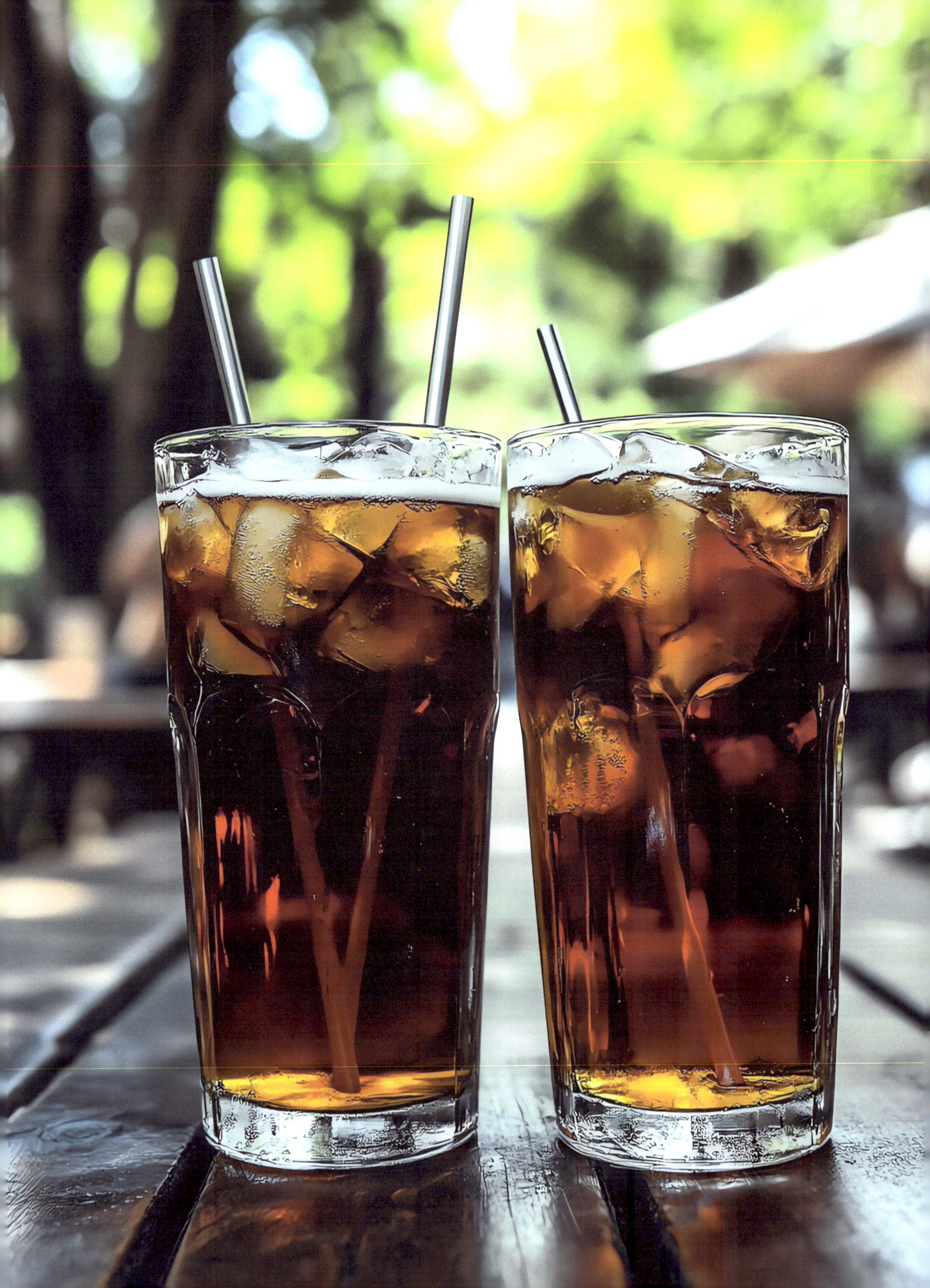

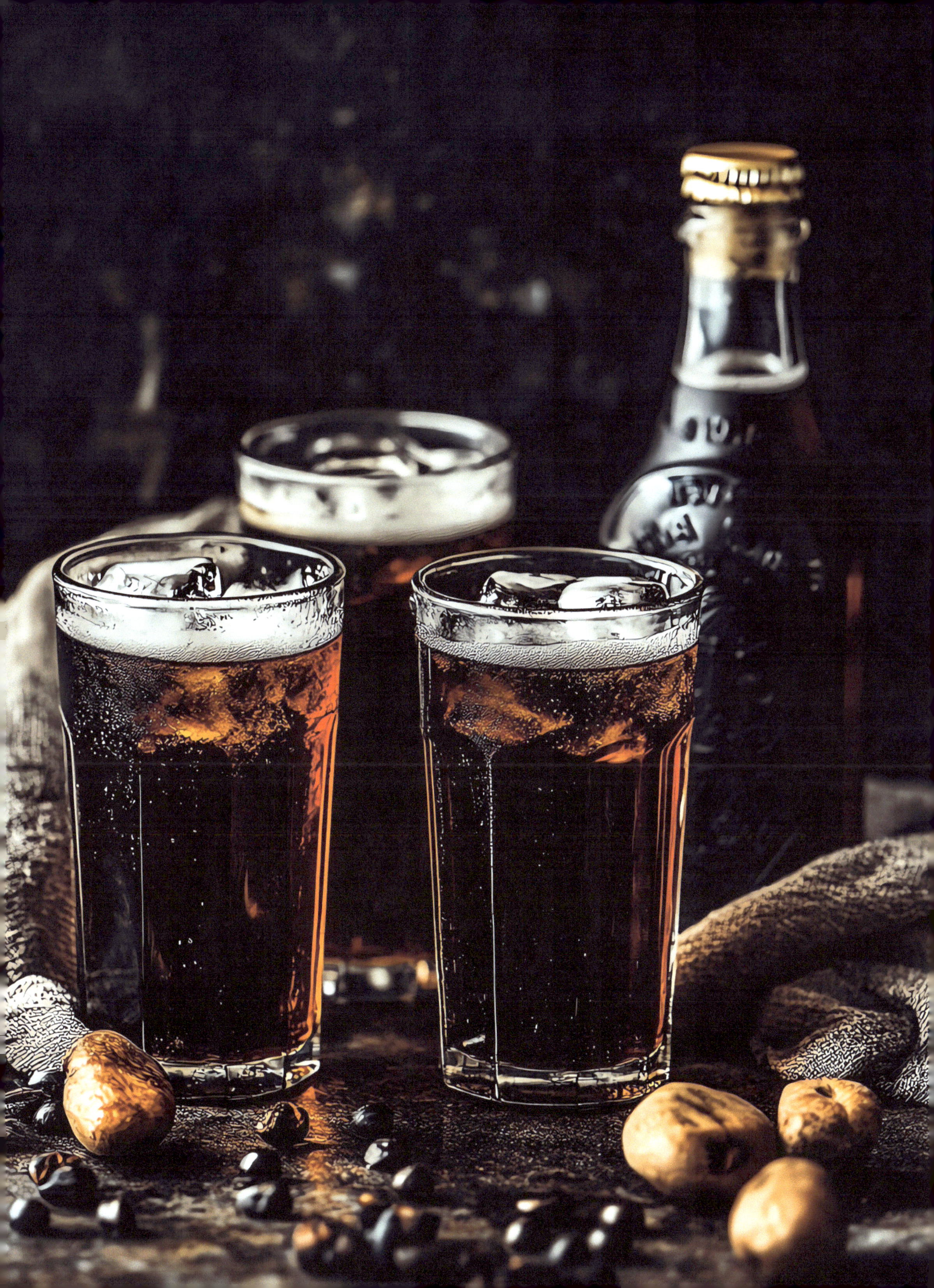

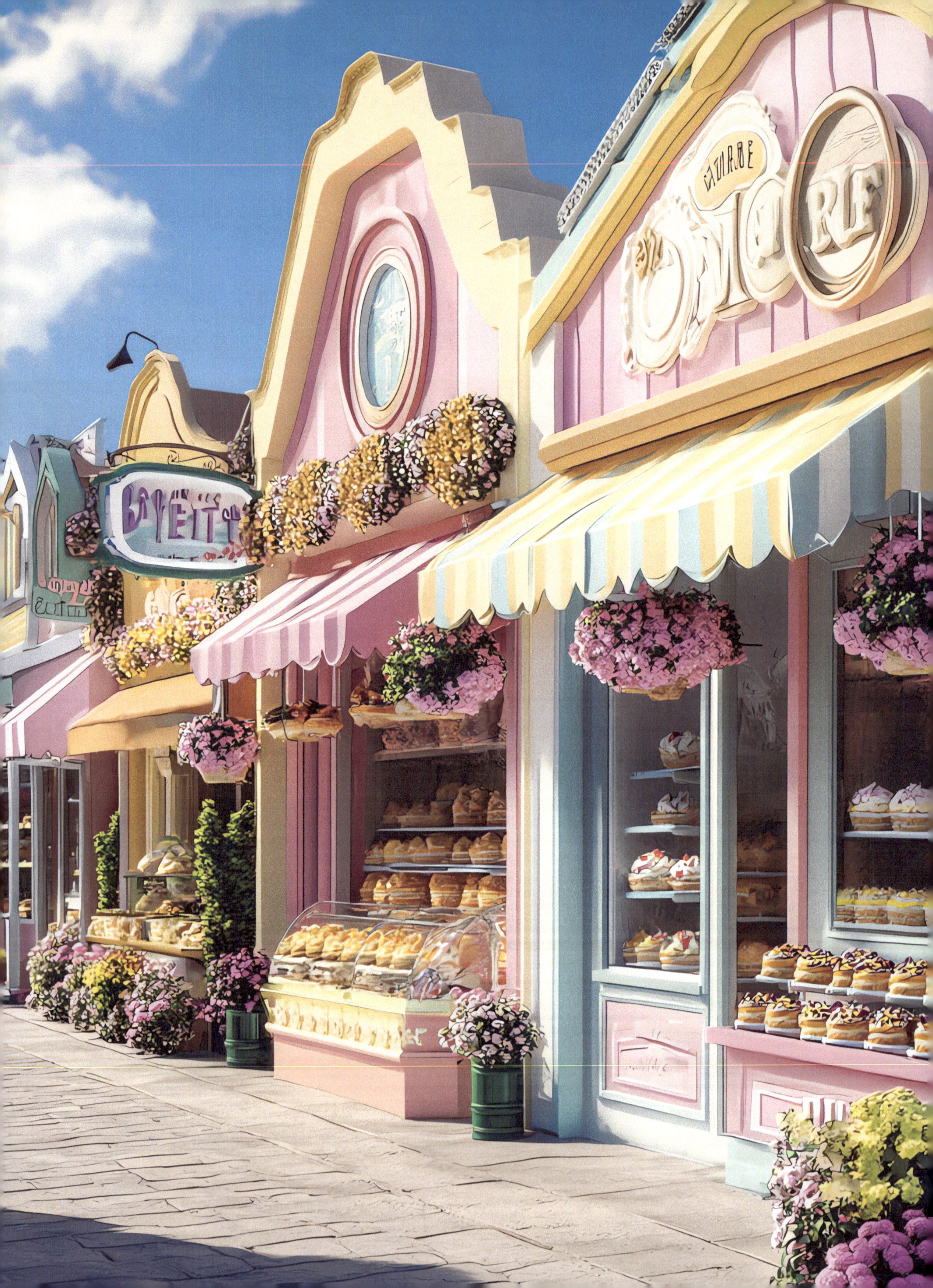

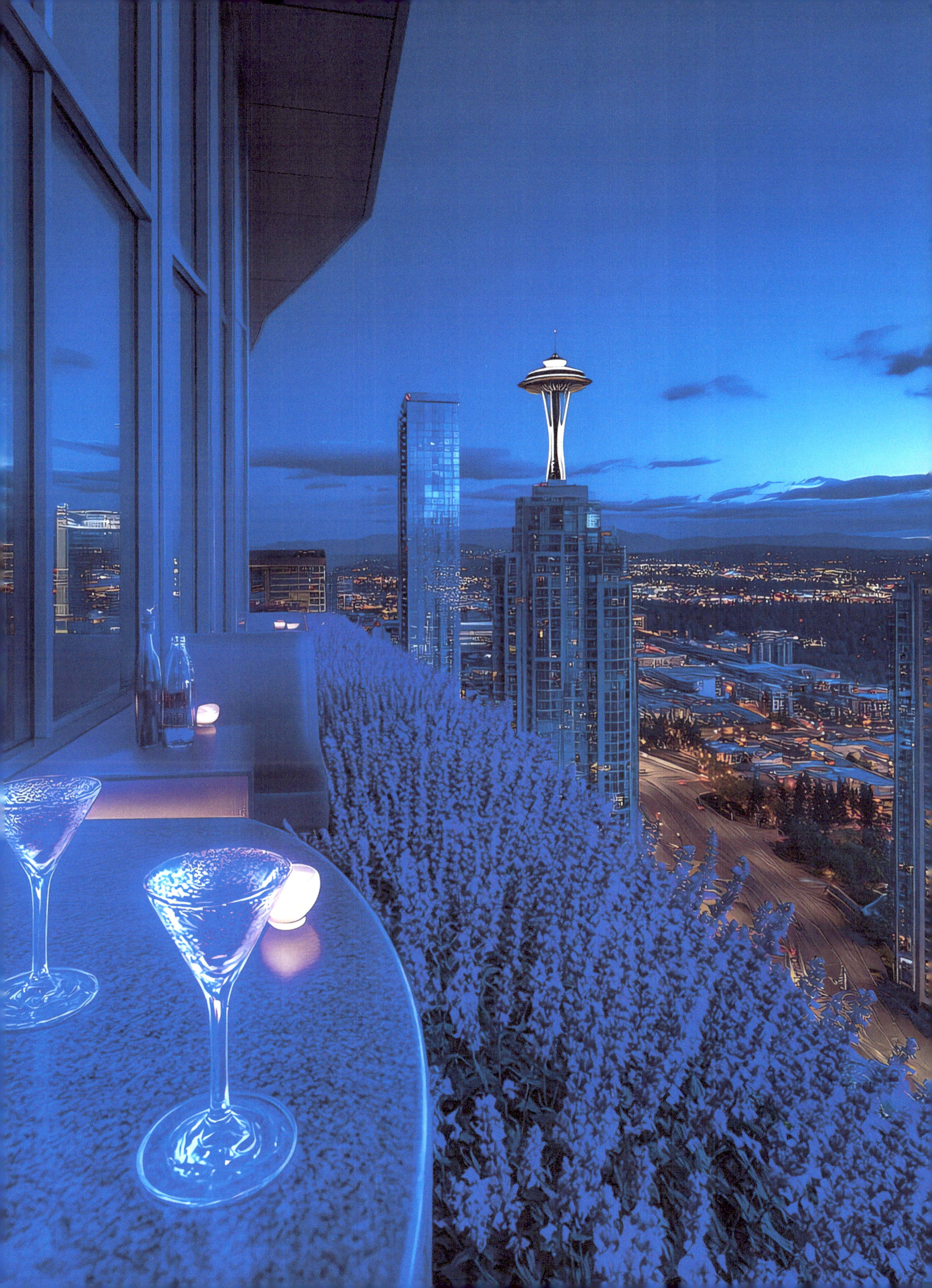

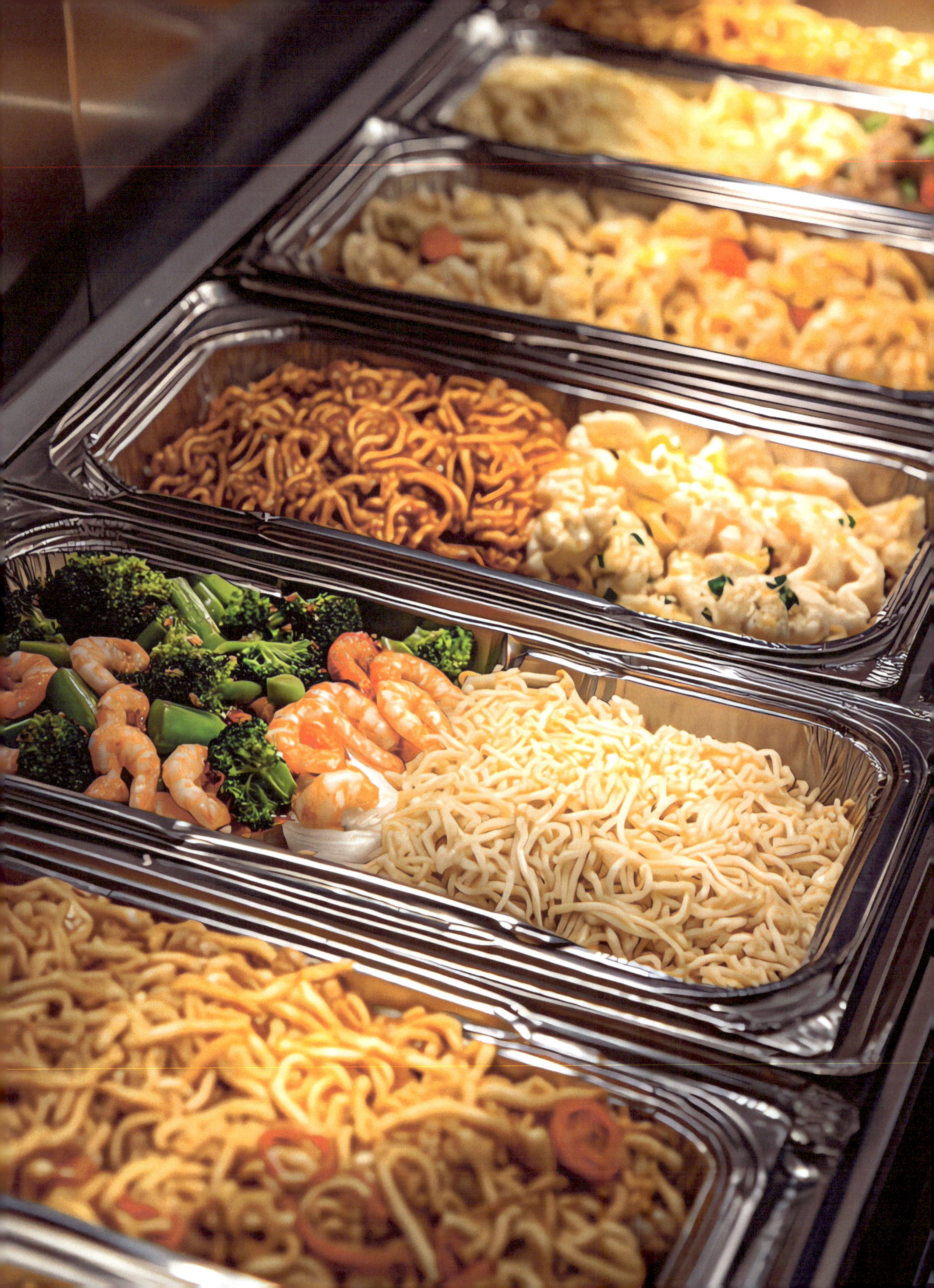

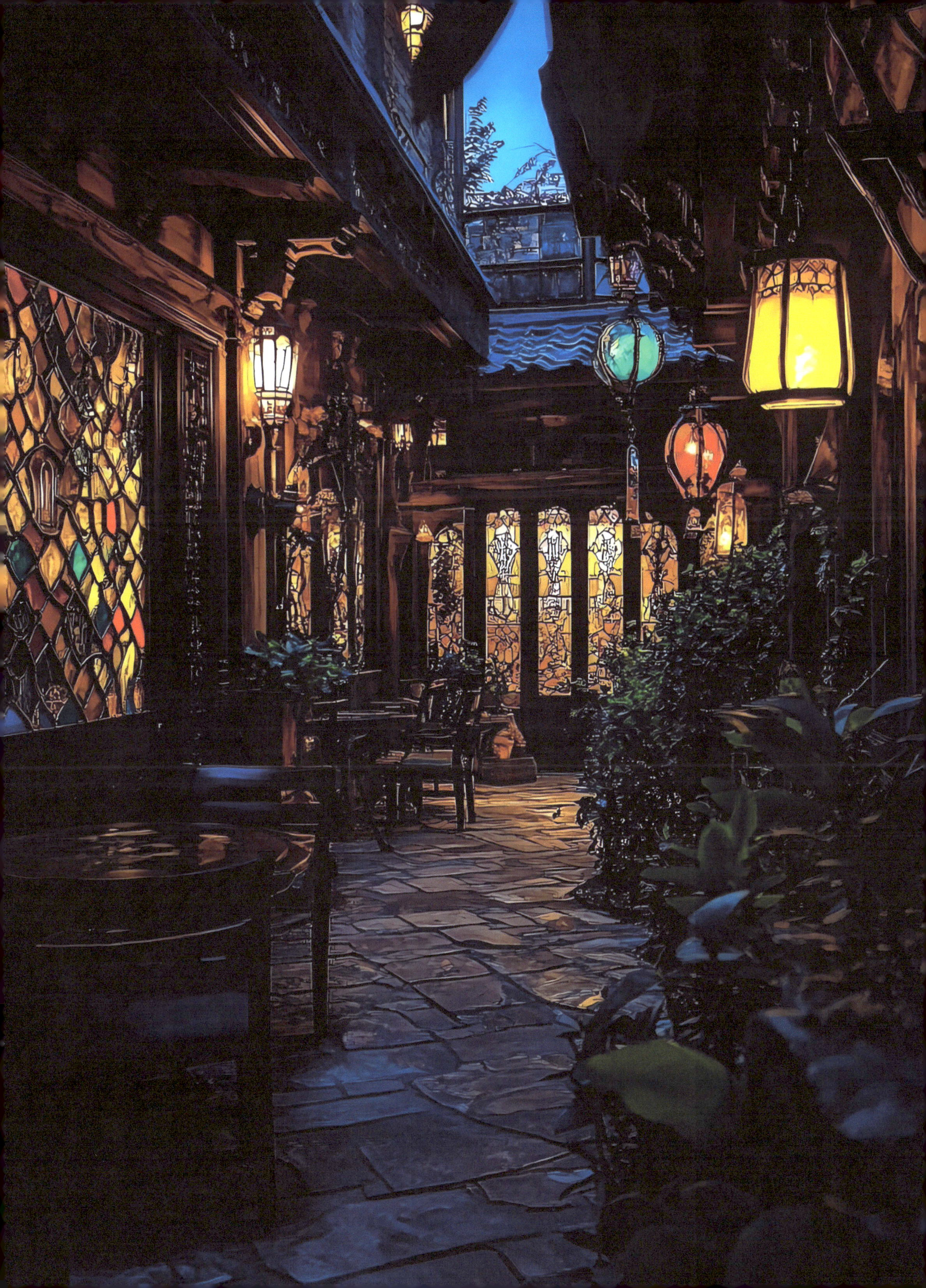

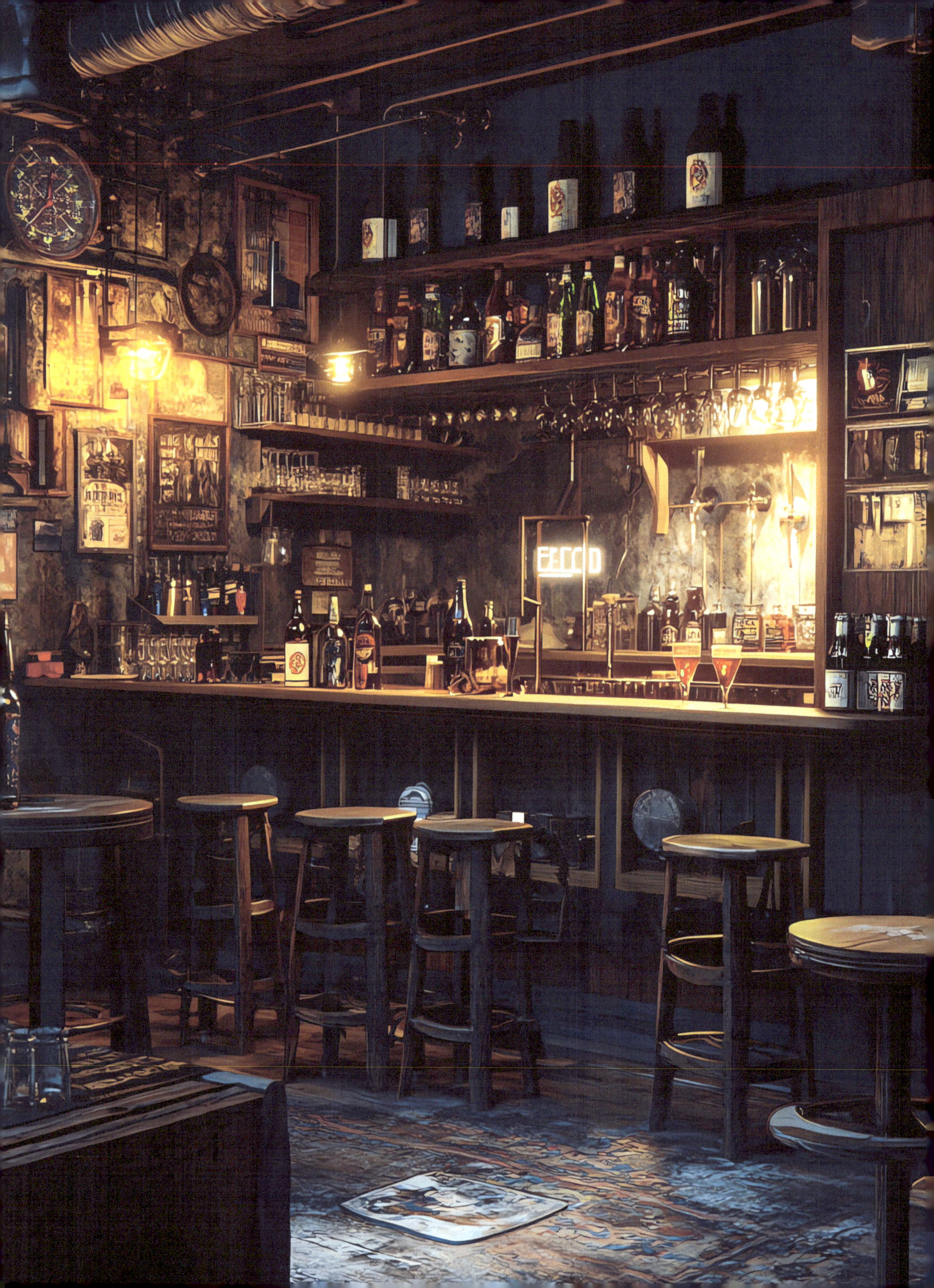

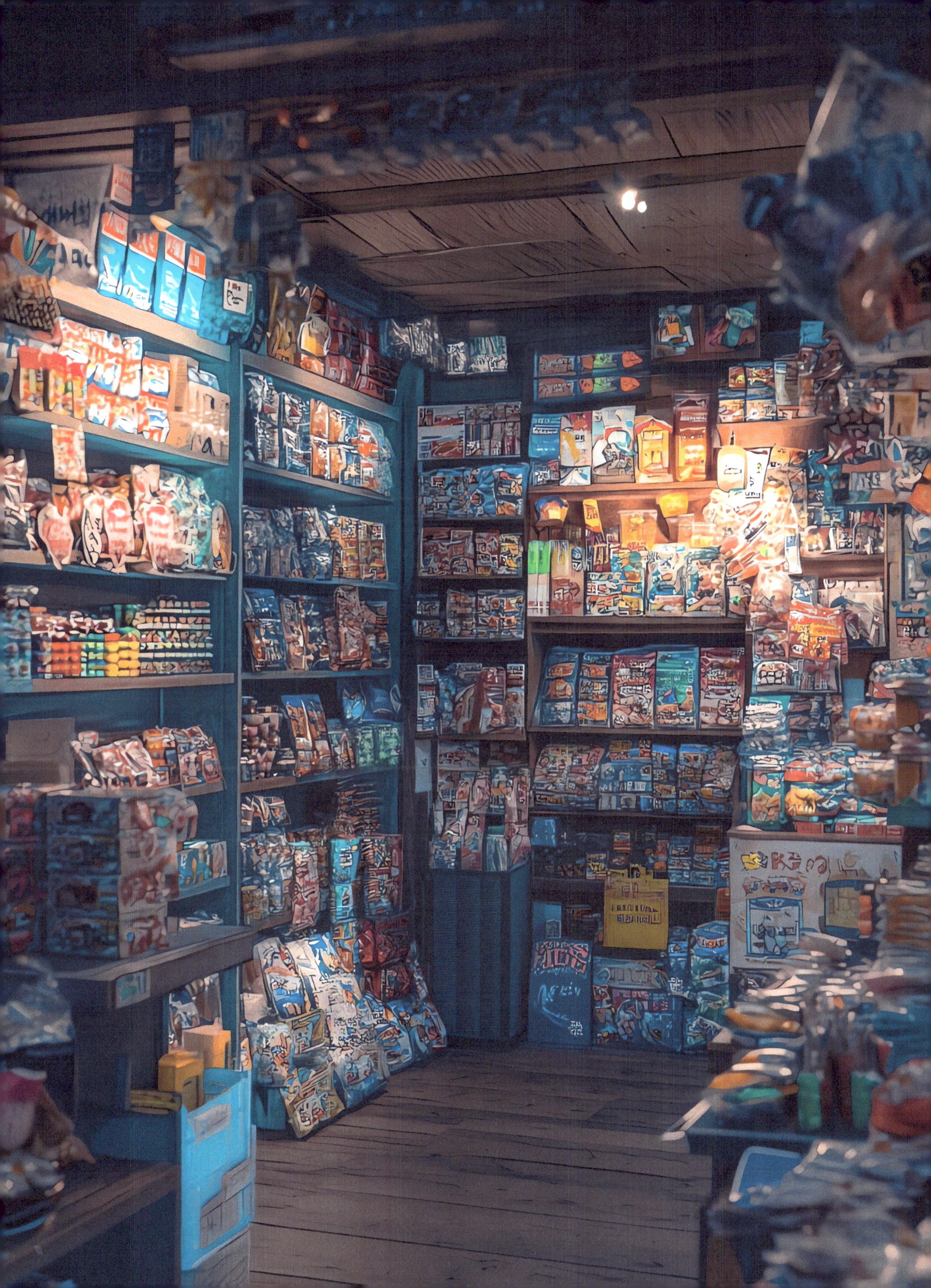

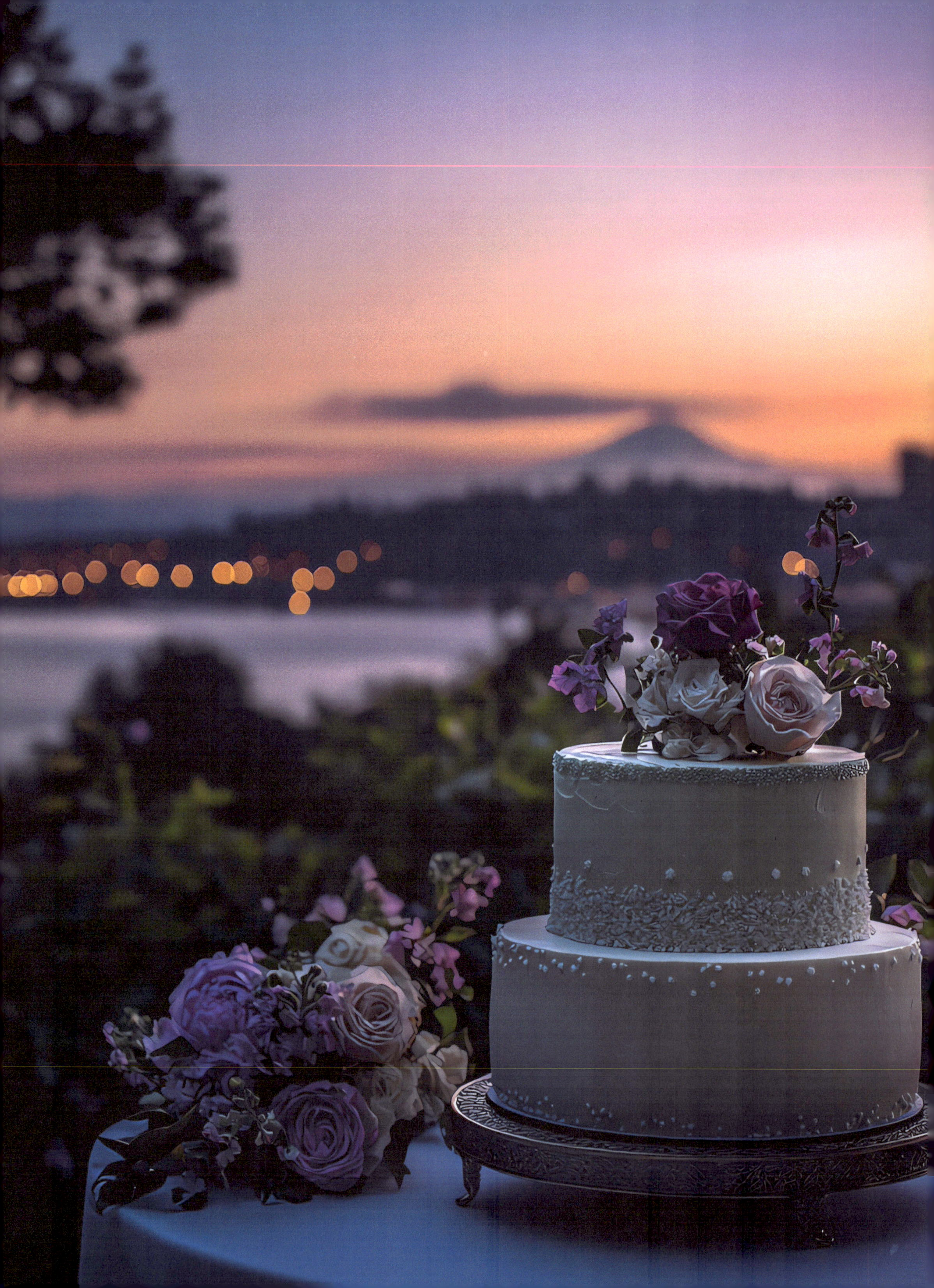

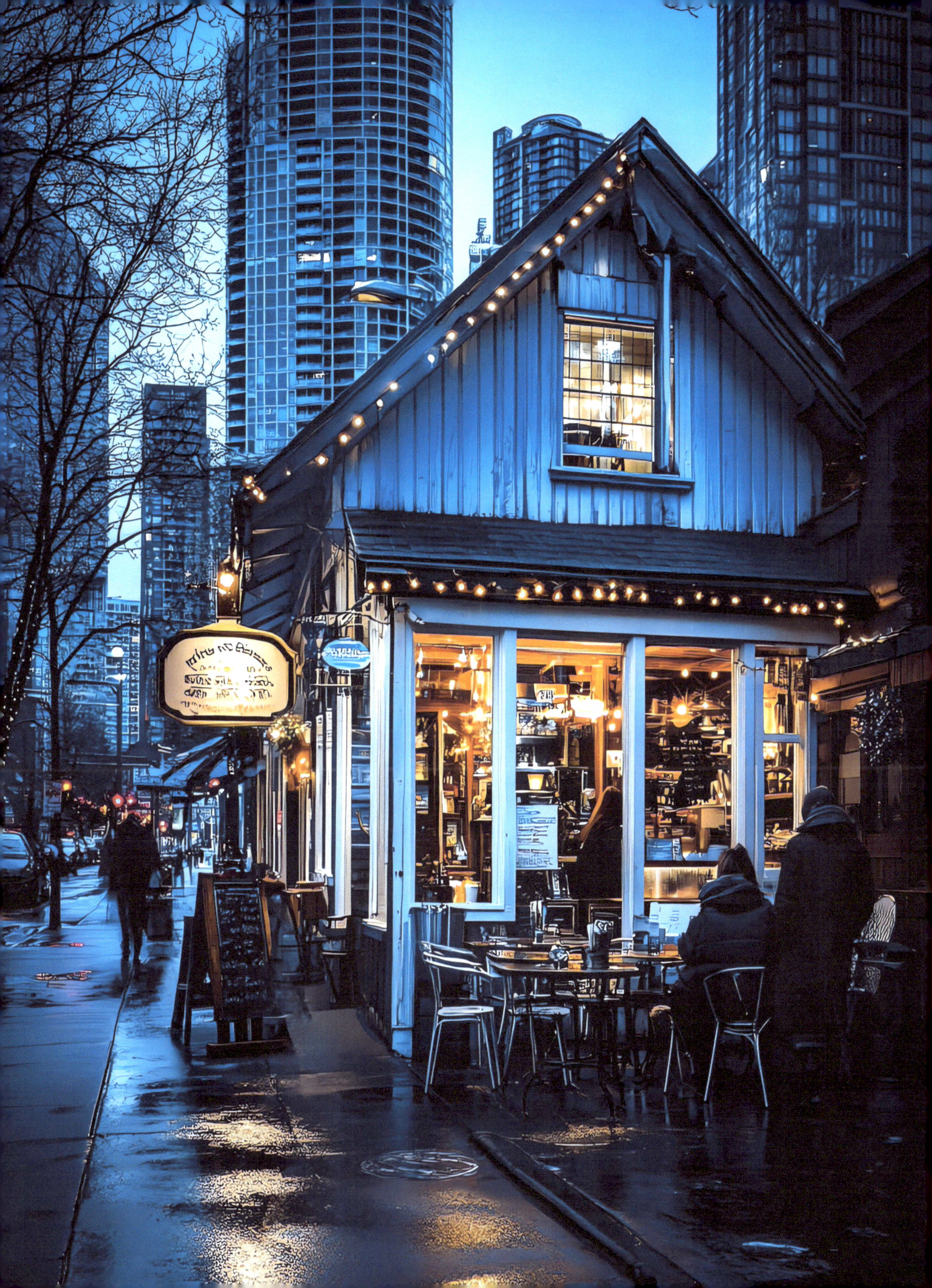

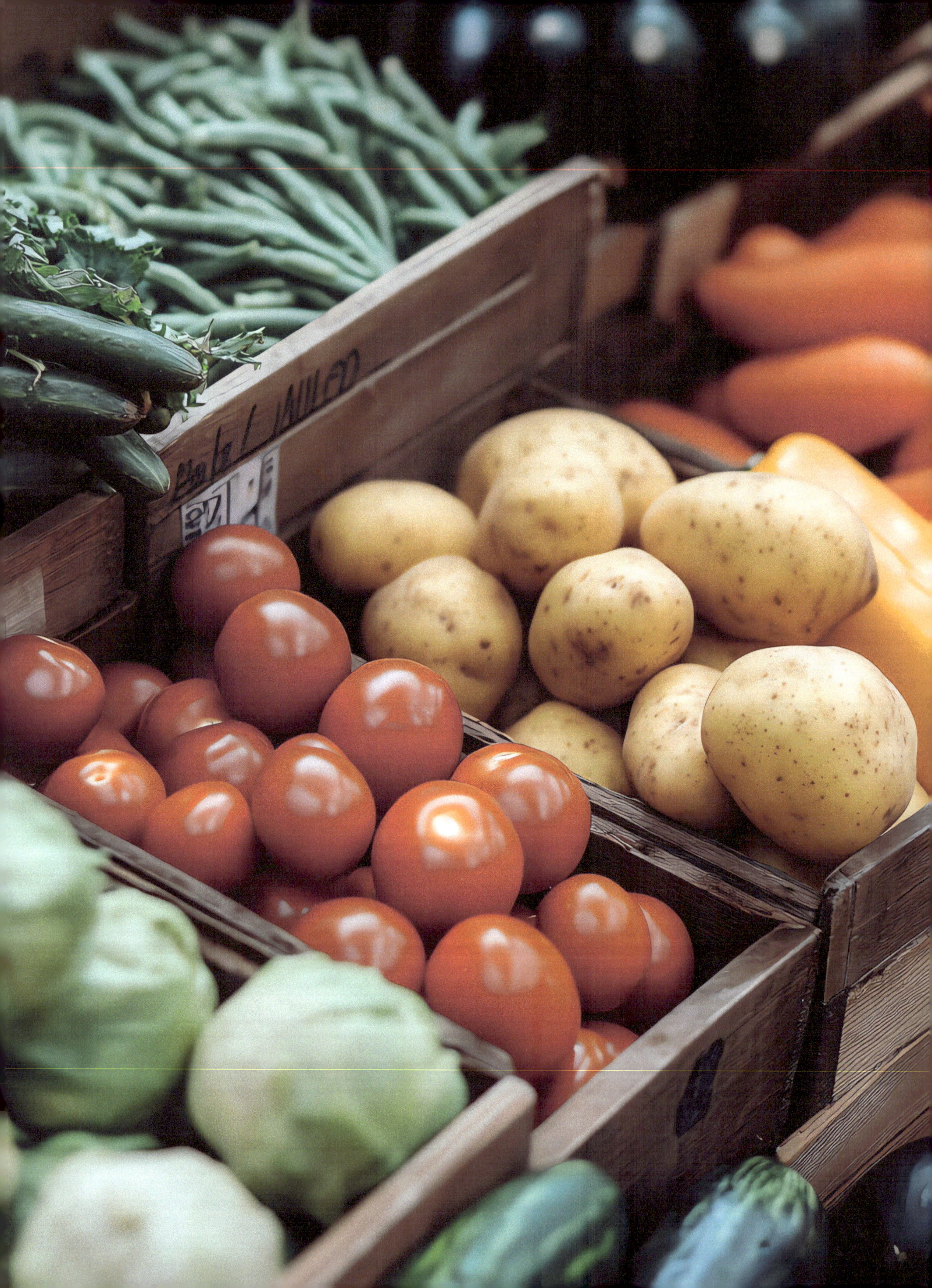

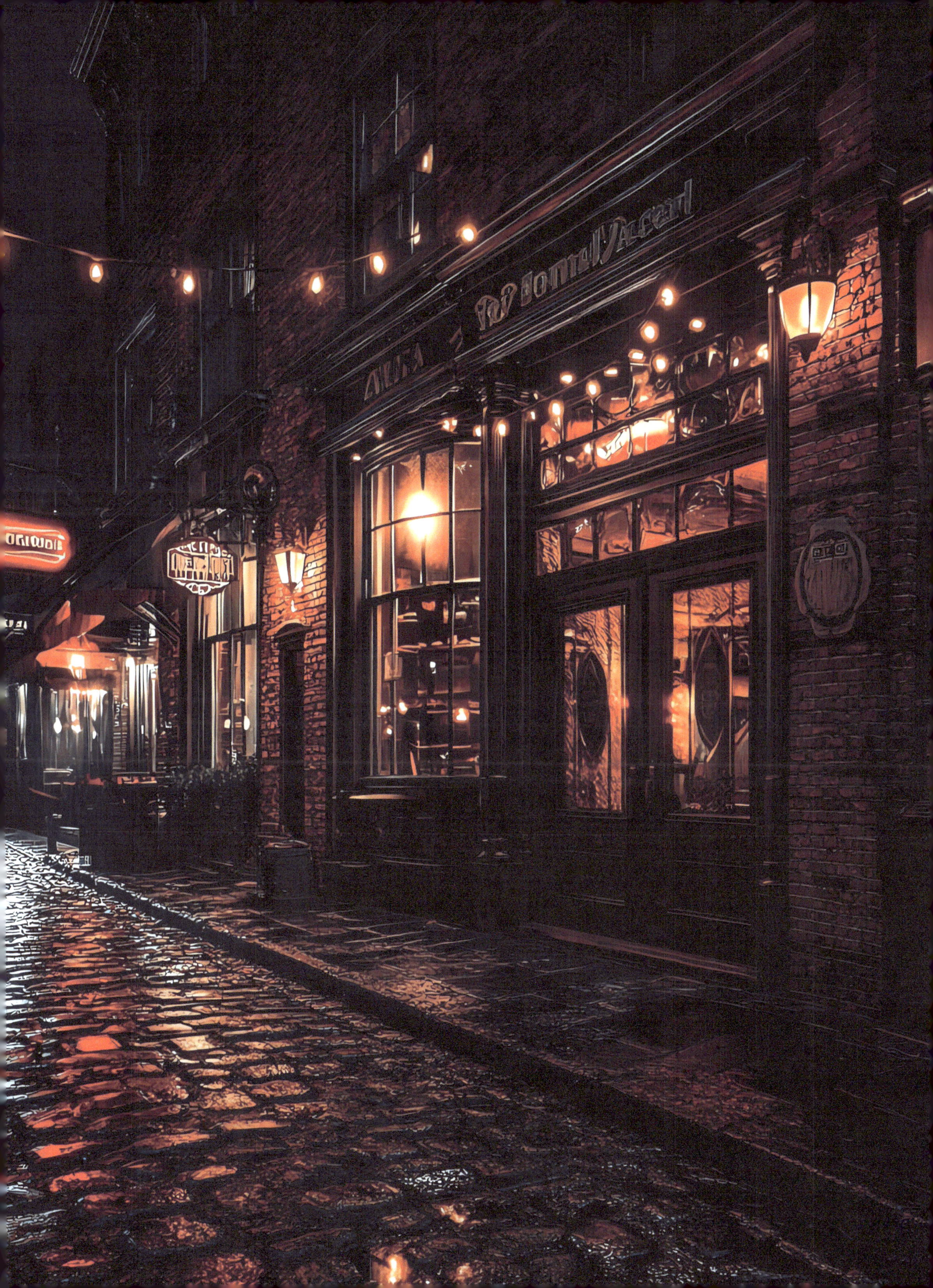

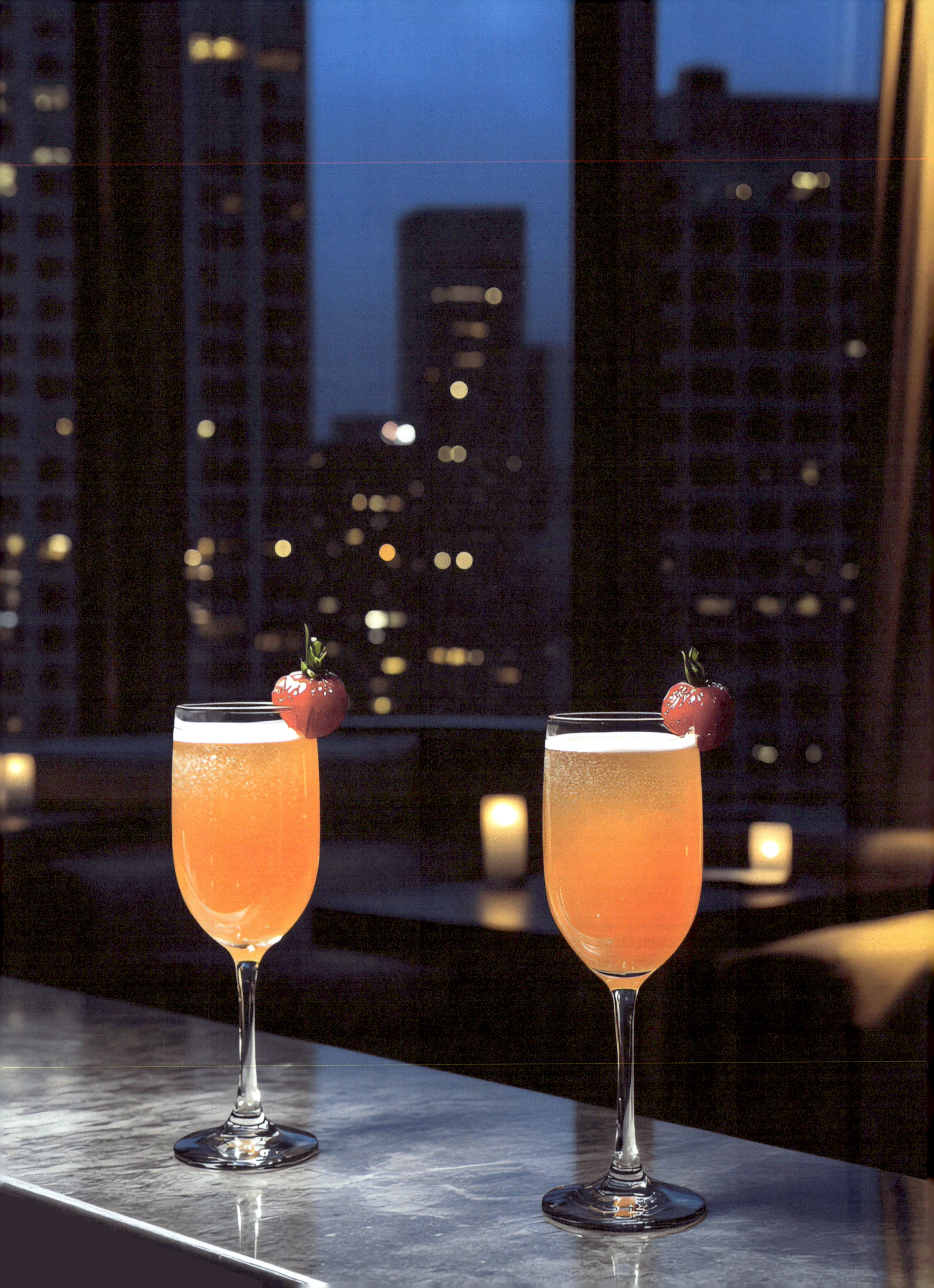

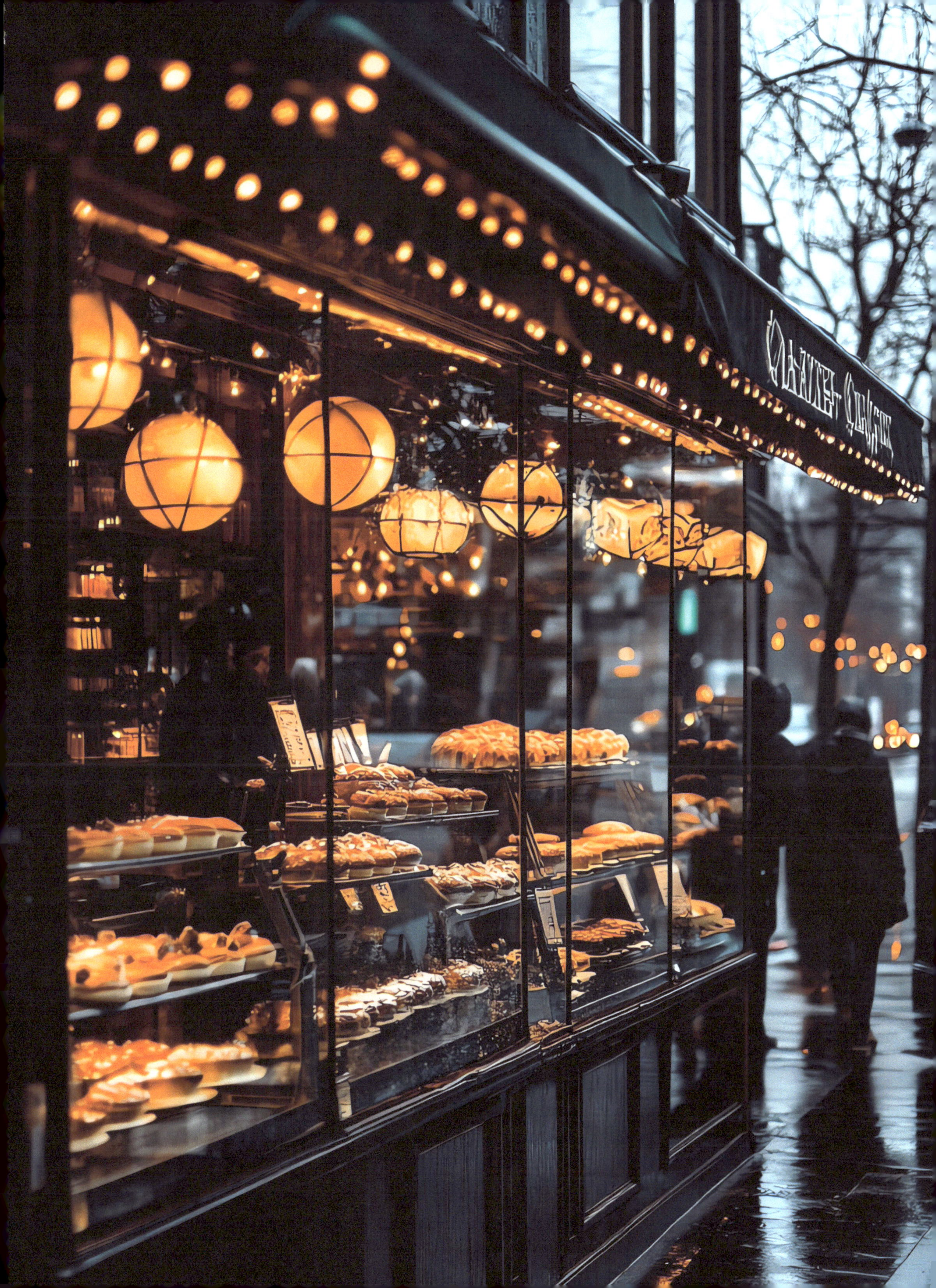

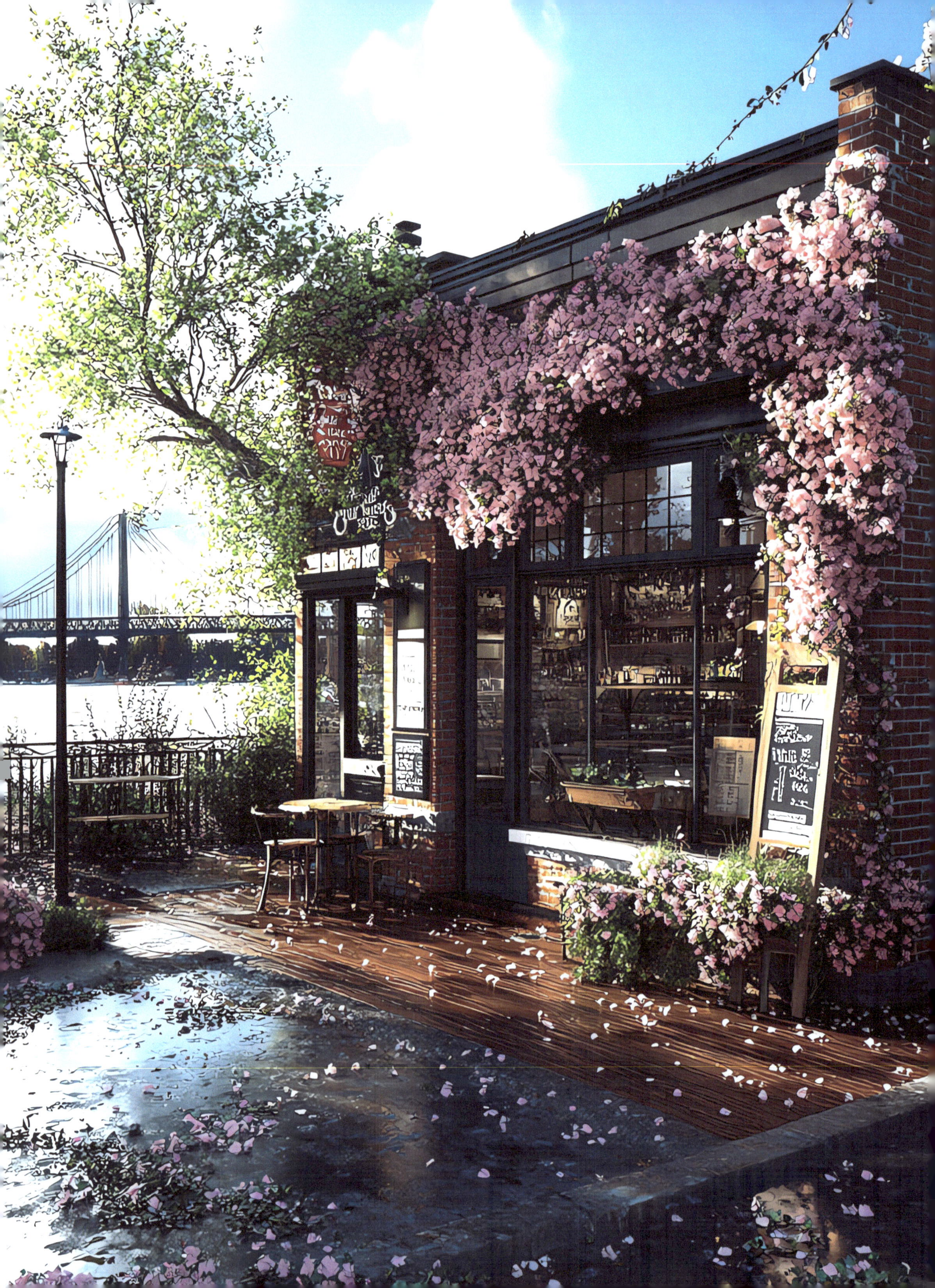

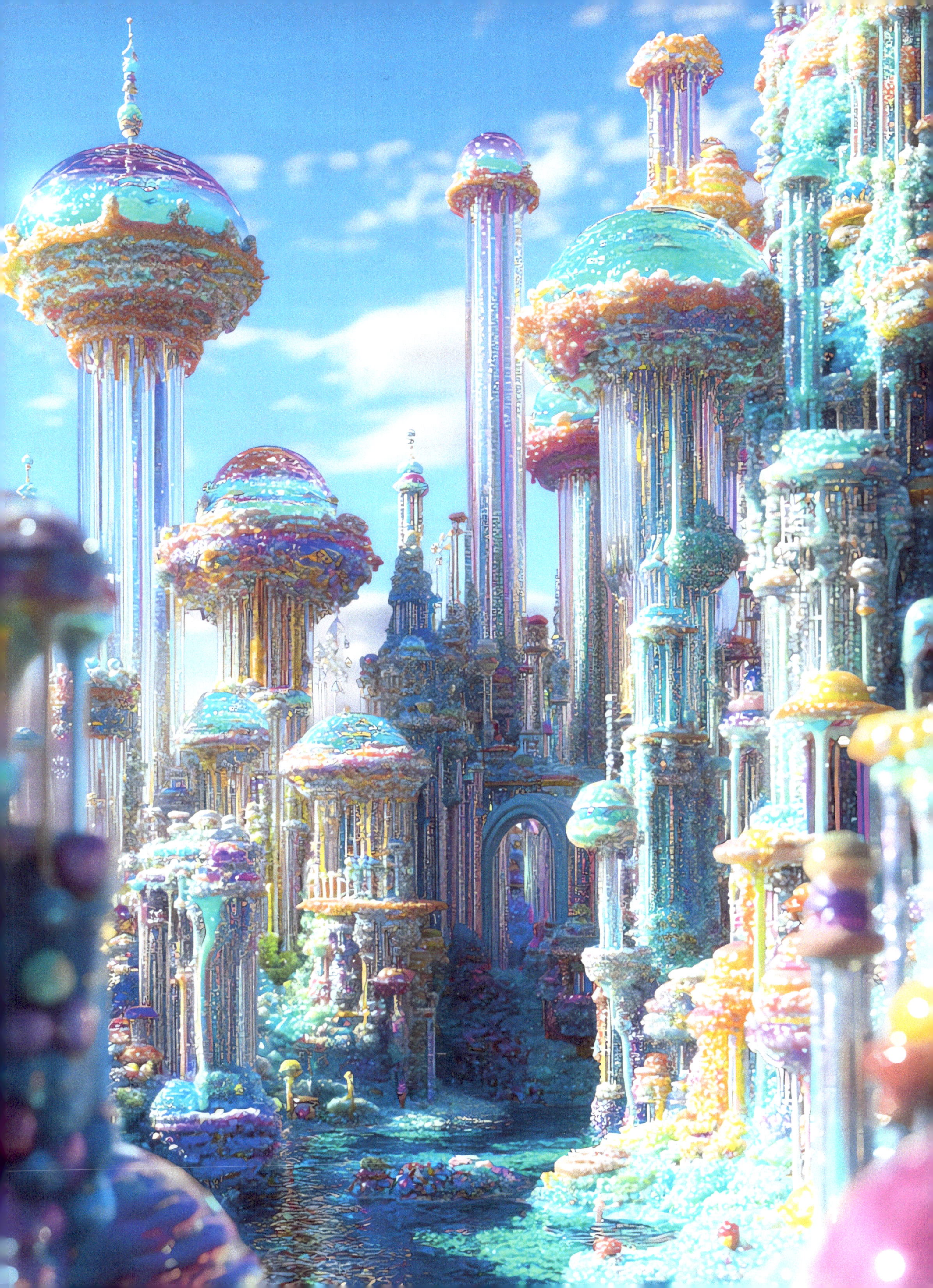

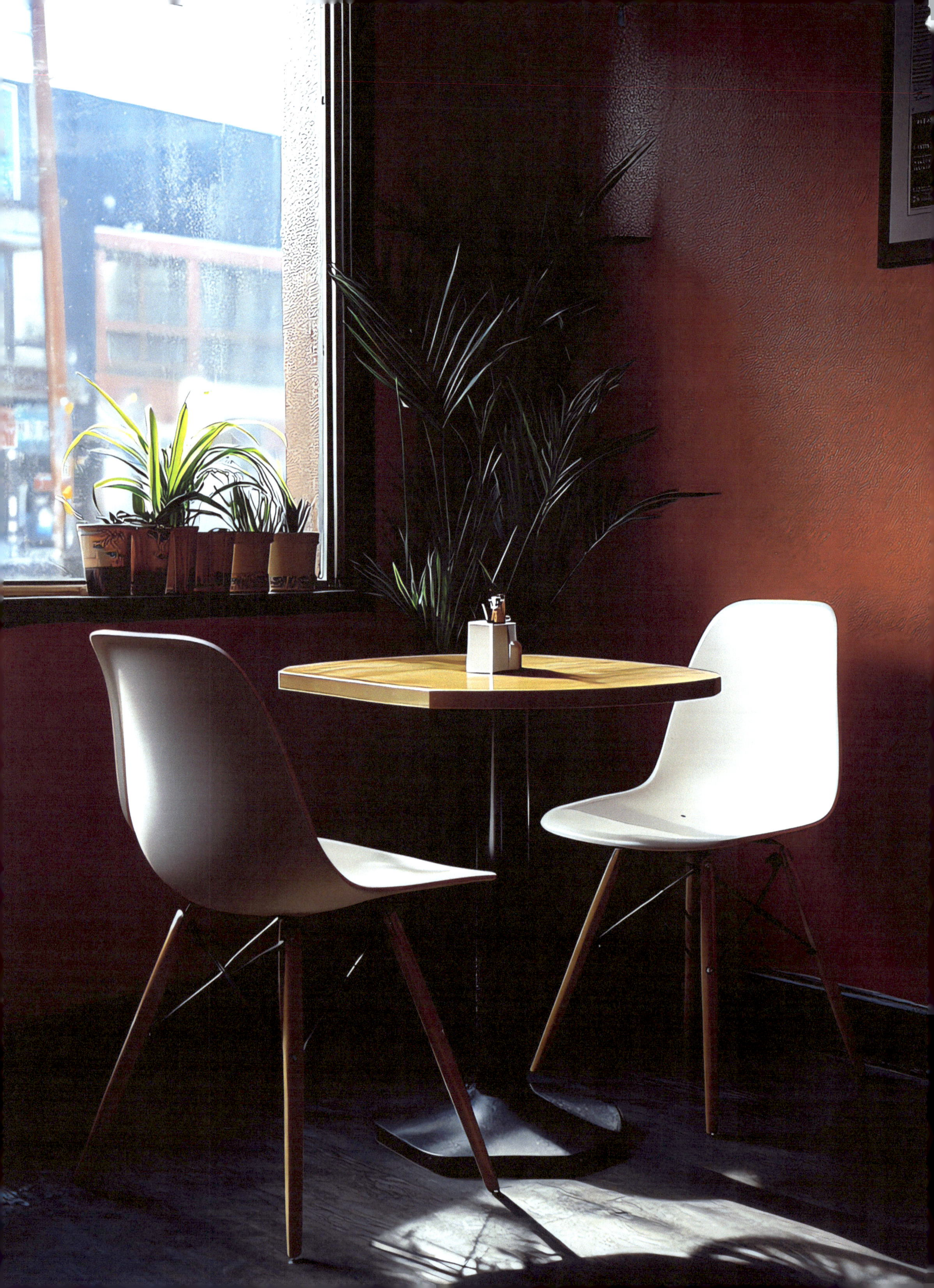

www.ingramcontent.com/pod-product-compliance
Lightning Source LLC
Chambersburg PA
CBHW040433220526
45473CB00004B/1424
* 9 7 9 8 3 0 3 3 6 8 3 4 7 *